文書・証言による
日本軍「慰安婦」強制連行

世宗大学独島総合研究所＋保坂祐二 編著

論　創　社

はじめに

本書を執筆した筆者の動機は、日本軍による慰安婦動員が強制であったのか否か、そして慰安婦は性奴隷であったのか否かという日本軍慰安婦問題における古くからの根本問題を究明するためであり、広くこの問題に関する認識を大衆化するためである。

日本軍慰安婦問題に対する研究において、特に韓国では研究者の声はそれほど大きくはなく、韓国の一般国民は感情的にこの問題にアプローチする傾向がある。韓国政府も、二〇一一年八月の憲法裁判所の判決の結果、すなわち政府が慰安婦問題の解決に消極的であったという判決を受けて、初めて政府レベルで慰安婦問題に取り組むようになった。それまでは韓国でも政府レベルの対応が弱かったのである。しかしその結果は、二〇一五年一二月二八日の「日韓慰安婦合意」という密室での合意による失敗であった。

そのため筆者は、日韓でこの問題をすでに過ぎ去ったものとしてとらえるのではなく、真実を知って未来に対する準備をせねばならないと考え始めた。日韓慰安婦合意にも、「被害女性たちの名誉と尊厳の回復」がうたわれているが、日本政府は金銭的な解決だけですまそうとして、被害女性たちに対する名誉と尊厳の回復などは眼中にない。すなわち日韓慰安婦合意を「日本政府は誠実に実行してきた」などという日本政府の決まり文句は真っ赤なうそである。

日本軍慰安婦問題は旧日本軍の中国侵攻と結び付いた極めて重要な問題であり、筆者は研究者だけでなく日韓の一般国民たちも、論理的にそして冷静にこの問題にアプローチできる基本的な資料が必要だと考え、二〇一八年四月に韓国で『日本の慰安婦問題証拠資料集一』という慰安婦問題での重要文書約八〇の解説・翻訳集を出版した。

本書はその韓国語書籍の中からさらに重要な文書を選び、新しい文書と証言を追加し、慰安婦問題の究明のために一般読者の方々にも理解できるような形をとった。特徴としては、(一) 主に一九三七年から一九四五年までの慰安婦問題が本格化した時期を対象にしたこと、(二) 関連資料を口語体に直すことによって、誰にでも日本軍慰安婦問題の本質を客観的に理解できるようにしたこと、(三) 資料集としてだけではなく、客観的な解説と証言を加えることで、資料の持つ意味を一般読者にでも理解できるようにしたこと、(四) 日本軍のアジア侵攻過程に関する説明を入れて、その過程での慰安婦問題という視野を提供し、慰安婦問題をその背景から理解できるように配慮したこと、(五) 元慰安婦や元日本兵たちの証言を同じ章に掲載し、文書と証言が一致することを明示したこと、(六) 女性たちを海外に渡航させるために、日本軍は定められた渡航手続きを無視したという事実を文書上で証明し、その証言を掲載したこと、などである。

本書は、国立公文書館アジア歴史資料センター、外務省外交史料館、防衛省防衛研究所などに所蔵・公開されている資料を活用し、アジア女性基金が一九九七年に出版した『政府調査「従軍慰安婦」関係資料集成』(龍渓書舎出版・全五巻) からも引用した。アジア歴史資料センターで検索可能な資料には、レファレンス・コードを記載して、アジア歴史資料センターの検索窓に入力すれば元の文書を閲覧できるようにした。そして証言は、元日本兵が出版した様々な書籍や、元慰安婦の女性の証言から選んだ。

「慰安婦」はその名と違って実態は性奴隷であったため、本来はすべて「慰安婦」とすべきだが、煩雑さを避けるために、「」はタイトル、見出し、小見出しに限って付けることとした。

今回、本書を出版するにあたって、支援してくださった世宗大学の裵徳孝(ベ・ドクヒョ)総長、金宣在(キム・ソンジェ)副総長はじめ、多くの方々に感謝を申し上げる。

また、本書の出版に多大な協力を惜しまれなかった論創社の森下紀夫社長、並びに森下雄二郎氏に深くお礼を申し上げる。

二〇一九年　八月

保坂　祐二

文書・証言による日本軍「慰安婦」強制連行　目次

第四章 「慰安婦」が性奴隷だった証拠 135

第一章　日中戦争と「慰安婦」動員の始まり

第一節　日中戦争と日本人の中国渡航制限

1　日中戦争と中国渡航問題

日中戦争は一九三七年七月七日、中国駐屯日本軍と中国国民革命軍との衝突（盧溝橋事件）が発端となって起きた。

日本軍は傀儡満州国の建国（一九三二）に続き、中国北部を中国から分離させるのが次の目標だった。そのため盧溝橋事件に続いて日本軍は北京一帯を制圧し（七月末）、八月以降も山西省などの中国北部に侵攻した。

これに対して中国国民党の蔣介石は北部に援軍を送り、同時に八月一二日、中国国民政府の首都南京近郊の上海の日本租借地に軍隊を進駐させた。これによって中国軍と日本軍が上海で衝突し、戦争が拡大した。このような情勢を受けて、日本政府は日本人たちの中国渡航を規制し始め、特に戦争という混乱に乗じて金儲けをしようとする日本の不良分子の渡航を取り締るように各省庁に通達を送った。

日本政府はまず、日本国内の居住地所轄警察署や、中国現地の官公署の発給した身分証明書を持参していない場合は、中国渡航を禁止する措置を取った。したがって日中戦争が始まってから邦人（朝鮮人、台湾人を含む）が中国に渡航するためには、一般民間人の場合には居住地所轄の警察署長の身分証明書が必要となった。そのため慰安婦になる女性も、基本的にこのような身分証明書を居住地所轄の警察署に発給してもらい、それを外務省に提出してはじめて渡航許可証、渡航証明書を得ることができるという仕組みになった。

ところでこのような規定が守られたのならば、慰安婦になるという女性はそれを納得して渡航証明を受け中国に渡航したのであるから、強制連行ではなかったという論理が成立する。しかし問題は、そのような規定にはいくつかの欠陥があり、さらに実際には守られていないという公文書が存在することである。（第二章第二節参照）

要約して言えば、慰安婦になる、醜業のために渡航すると言って居住地の所轄警察署に出向き、証明書を受けた女性は、ほとんどいなかったのである。女性たちは多くが業者の甘言によってだまされ、軍と関係した他の渡航理由を挙げて身分証明書の発給を受けたのだった。さらに慰安婦動員は、芸妓・酌婦・女給・准看護婦などの他の名称で動員された事例がほとんどであり、慰安婦要員という名目で動員された事例は見つけるのが難しい。これに関しては、本書で明確になるであろう。

日中戦争勃発は、日本軍が中国をはじめとして東南アジア、太平洋の島々などに慰安所を大量に設置するきっかけとなったが、次の文書はその始まりの段階での状況を示している。外務省が日本政府の「不良分子取締りの指示」を各省庁に伝えた文書である。

2　関連文書で見る日本人の中国渡航制限

【文書―1】不良分子の中国渡航取締り方に関する件［外務次官］（昭和一二〔一九三七〕年八月三一日）

〔解説〕日中戦争に便乗して中国で一儲けしようとする日本人たちが増えた。そういう人たちの中で不良分子と見なされる者たちに対する日本政府の取締りの指示を外務省が政府各省庁に伝えた。この文書は、中国現地の日本軍が、中国で慰安所の本格的な設置を独自決定したことを日本政府がまだ知らない状況で作成されたものである。

米三機密合第三七七六号　昭和一二年八月三一日　外務次官、堀内謙介

不良分子の中国渡航取締り方に関する件

従来、中国へ渡航するためには旅券は必要でなく自由であるが、今回の支那事変に関連して中国に滞在する日本人は多数帰国し、その遺留財産に対する保護警戒などもできていない。今日、中国に残留した日本人を扇動して何かをしようとしたり、混乱に乗じて一儲けをしようという無頼不良の渡航者は、厳しく取締る必要がある。

すでに満州国および関東州においては、それぞれこのような措置を取り、または関連の在中国帝国公館からもこれに対する取締りを申請してきたことがある。今後、ある対策が進展するまではしばらくの間、(一)中国に渡航しようとする一般の日本人には所轄の警察署長から(二)または公務のために派遣される者については派遣官公署から、別紙の手続に従って身分証明書を発給するものとする。この身分証明書を持参し、または正式な旅券の発給を受けた者以外は、中国行の船に乗せないよう取扱っていただきたい。

そして身分証明書発給に関しては、右の趣旨により業務上または家庭の事情、またはその他の正当な目的のために急きょ中国に渡航させる必要のある者以外は、できるだけ自発的に中国への渡航を自制するように取り扱っていただきたい。中国に駐屯する皇軍の後方地区の治安確保のために、協力をお願いする。そして本件の趣旨は一般に知らせるべきなので、そのように扱うよう関係官庁と協議した上で、命によってこれを申し上げる。

本内容の送付先：警視総監、各地方長官、関東州庁長官

本内容写本送付先：内閣書記官長、法制局長官、賞勲局総裁、資源局長官、台湾事務局長、企画庁次官、枢密院書記官長、宮内省次官、各省次官、社会局長官、貿易局長官、特許局長官、会計検査院長、行政裁判

所長官、貴族院書記官長、衆院書記官長、日本郵船会社社長、大阪商船会社社長

中国渡航取扱いの手続き

一　日本本土、および各植民地から中国へ渡航する日本人（朝鮮人、台湾人を含む）に対しては、当分の間、居住地所轄の警察署長が甲号様式のような身分証明書を発給することとする。ただし、制服を着用する日本の軍人・軍属についてはこれに該当しない。

この身分証明書は、公務のために派遣される官吏その他の者については、派遣官公署において乙号様式により発給するものとする。

二　警察署長は第一項の身分証明書発給の申請があるときは、本人の身分・職業・渡航目的・要件・期間等を調査し、次の通りに取扱う。

（イ）素性・経歴・普段の言動が悪く、渡航後に不正行為をする可能性のある者には、身分証明書を発給しない。

（ロ）業務上・家庭上・その他の正当な目的のために、急きょ中国に渡航する必要のある者以外の者には、できるだけ自発的に中国渡航を自制させることとする。

三　出発港所轄の警察署長は、第一項の身分証明書、または帝国政府発給の旅券を持つ者でなければ、中国行きの船に乗船させないこと。

四　本身分証明書発給には、手数料を徴収しない。

五　本手続きは、中国行の外国旅券の発給を妨げるものではない。

六　本手続きは、中国現地の状況が許す限り、できるだけ早くこれを解除することとする。

七　本手続は直ちに施行する。

ただし、第三項は、昭和一二年九月一〇日からこれを施行する。

（出典：国立公文書館、文書名「不良分子ノ渡支取締方ニ関スル件」[1]）

渡航申請書［甲号様式］

（甲號様式）

身分證明書

本籍

現住所

職業

氏名

生年月日

一支那へ渡航ヲ必要トスル目的、理由、期間

右證明ス

昭和十二年　月　日

警察署長　官氏名　印

［乙号様式］

（乙號様式）

身分證明書

官　職　氏　名

生年月日

〔支那へ渡航ヲ必要トスル目的、用務

右證明ス

昭和十二年　月　日

（派遣官公署）官　職　氏　名　印

第二節　日本軍による慰安所設置決定

1　軍による慰安所設置決定の背景

一九三七年七月七日、現在の北京郊外の盧溝橋で、日本軍とその地域に駐屯していた中国軍との間に発砲事件（盧溝橋事件）が起こり、これを機に日本軍は本格的な中国での軍事作戦を開始した。この事件は日本軍の挑発で起こったのだが、それだけではなく日本の現地軍は上部の命令なしで独自に戦争を開始したのであった。初めは日中両軍の間で停戦協議が進められたが、当時の近衛文麿内閣は陸軍省参謀本部の強硬派将校たちの戦争拡大の主張を阻止できず、日本政府は一九三七年七月一一日に北京一帯への派兵を決定した。

これに対し中国側も強硬な態度に転じ、中国国民政府を率いる蔣介石は「満州を失ってからすでに六年が経っており、忍耐にも限度がある。日本の挑発には徹底的な抗戦あるのみ」との声明を発表した。

日本の陸軍省参謀本部の将校たちは「暴支膺懲（暴虐な中国を懲らしめよう）」という言葉をスローガンに中国に一撃を加え、中国の排日運動に歯止めをかけることを画策した。このような陸軍省の方針はこれ以上の戦争拡大を望んでいなかった近衛内閣を無視した決定であり、その結果、日本軍は本格的な侵略戦闘態勢に突入した。

一九三七年八月、戦争は上海に拡大し、中国空軍が当時上海に基地を置く日本の海軍艦隊に爆撃を加えると、日本軍は杭州などの航空基地を爆撃し、中国国民政府の首都南京にも爆撃を開始した。これで戦線は中国全域に広がり、「宣戦布告」なき戦争状態に突入した。同年八月一四日、蔣介石は全国総動員令を発令し、自ら陸海空総司令官に就任して中国北部の中国共産軍を国民政府軍に編入した。

その後、日中戦争は日本軍と中国軍の全面戦争となり、一九三七年一一月には東京に大本営が設置された。大本営は天皇直属の軍組織であり、戦争に参加する軍部隊はすべてこの大本営に属し、大本営は天皇の命令と称して、軍に対して指示・命令を下した。

日本軍は杭州湾上陸・黄河川越作戦などに続き、上海を制圧した余勢をかって南京攻略作戦を開始した。この作戦は一九三七年一二月四日に始まり、一三日に終了した。日本軍はこの作戦時と作戦後に南京の非戦闘員や一般市民を大量に殺戮した。これが「南京大虐殺」である。

そして日本軍慰安婦問題は、このような日中戦争がきっかけとなって本格化した。それ以前に中国などに設置された慰安所は民間人が設置した性的商業施設を日本軍が慰安所にしたものであり、一九三二年に上海に日本海軍が海軍特別慰安所を設置したのが慰安所の始まりだった。

次の文書は上海現地の日本軍が慰安所の設置を決定し、日本に募集業者を送った時の状況を知ることのできる文書である。初めは警察が日本国内を徘徊していた募集業者たちを逮捕した。女性募集方法が略取誘拐[2]の疑いがあったためである。しかし募集業者たちは、「上海現地軍の依頼を受けた」と供述した。調査したところ、日本軍が実際に募集業者に三〇〇〇人の酌婦動員を依頼した事実が明らかになった。つまり日本軍の酌婦という名目での慰安婦動員は、上海現地軍の独自決定によって始まり、現地軍の決定を日本政府は後になって知り、追認していくのである。

上海では、一九二七年に公娼制度が廃止されたために、上海の日本総領事館が導入したのが酌婦制度だった[3]。すなわち初めは慰安婦という言葉を使わずに、主に酌婦という名目で女性たちを動員したのである。

一九三七年一一月に設置された戦争遂行のための組織である大本営は、日本政府から独立した組織であり、天皇直属の機関だった。ところで、天皇自体が下位機関に対して責任を持たないのが明治憲法の定めたシステムであったため、特に現地軍では上層部に対する報告も無視する傾向があり、現地軍が独自の判断で行動を起こす傾向があった。それゆえ日本政府も知らないうちに、現地軍が慰安所の設置を決定し、それを大本営が追認してその後に日本政府が追認するという奇形的な意思決定方式によって日本軍慰安婦問題が発生するようになった。中国の漢口に駐留した天野部隊が慰安所設置に「許可制」を取り入れていたという文書[4]は、現地軍の決定で慰安所設置が決まったという構造を物語っている。以下の文書は、そのような状況を把握することのできる内容を含んでいる。

2 関連文書で見る酌婦募集と軍慰安所の設置

【文書―2】野戦酒保規程改正に関する件（昭和一二〔一九三七〕年九月二九日）

〔解説〕この文書は日中戦争勃発後、野戦酒保（＝軍売店）に軍慰安所を設置できるようにした陸軍作成の「野戦酒保規程改正」である。この文書の重要な点は、軍の簡易売店である酒保に慰安施設（＝ゲームセンター、食堂、慰安所など）を作れるようにしたことであり、特に戦闘地域のような危険な地域でも慰安施設を設置できると改正した点である。慰安所は慰安施設の中に含まれ、後の文書では「特殊慰安施設」という名称[5]で呼ばれている。

ちなみに明治時代に作成された「野戦酒保規程」は次のようになっている。

野戦酒保規程（明治四五〔一九〇四〕年二月九日）

第一条　野戦酒保は戦闘地域で軍人軍属に必要な需用品を正確かつ安価に販売することを目的とする。

この改正案に基づいて一九三七年一二月半ば以降、日本が侵攻を繰り返した中国内に多数の慰安所が設置され、本土や朝鮮などからの慰安婦動員が始まった。慰安婦の募集人数が多かったため、結局動員は強制性を帯びるようになり、募集の手口も甘言・詐欺・脅迫など、略取誘拐罪に相当する多くの不法手口が用いられた。

ところが日本政府はこの文書を未だに慰安婦関連文書として認めていない。認めれば慰安所設置は軍の「要請」や「関与」ではなく、正確に軍の「指示」で始まり、慰安婦動員も軍の指示だったことを認めざるを得なくなるため、結果的に日本に不利に働くという判断がなされたのではないかと指摘されている。

野戦酒保規程改正（昭和一二〔一九三七〕年九月二九日）

第一条　野戦酒保は戦闘地域あるいは事変の起きた地域で、軍人軍属その他、特に従軍を許された者に必要な日用品、飲食物などを正確かつ安価に販売することを目的とする。
野戦酒保では前項のほかに、必要な慰安施設を作ることができる。

改正理由
野戦酒保利用者の範囲を明瞭にして、敵と対陣する際にも、慰安施設を作ることができることを認めることが必要であるため（以下、省略）。

（出典：防衛省防衛研究所、文書名「野戦酒保規程改正ニ関スル件」[6]）

【文書―3】上海派遣軍内陸軍慰安所の酌婦募集に関する件［群馬県知事］（昭和一三〔一九三八〕年一月一九日）

〔解説〕一九三八年一月、群馬県で上海の現地日本軍特務機関の依頼を受けたとして、酌婦募集業者が募集活動を始めた。ところが業者の募集方法に問題があると感じた群馬県警察署は、彼らを逮捕して尋問を始めた。当時、群馬県警察は上海駐屯の日本軍が酌婦募集を業者に依頼したという事実を知らされていなかった。

上海は日本軍慰安婦制度の発祥の地とされる。一九三二年一一月、日本の上海駐屯海軍当局は、虹口(ホンコウ)一帯で日本人の経営する性的歓楽施設全体を海軍特別慰安所として指定した。これが中国内での慰安所開設の最初とされている。その後の一九三二年一月二八日に始まった第一次上海事変以降、上海に慰安所が次々に設置され始めたのだった。

また、「慰安婦」という言葉が最初に使われた場所も上海であるとされる。当時、日本軍上海派遣軍の参謀長を務め、後に中国の日本軍全体を統括する支那派遣軍総司令官に就任した岡村寧次が、「慰安婦団」という言葉を初めて使用したためである。

特に一九三七年一二月の南京大虐殺後に、上海と南京での慰安所の数が急激に増加した。この文書はその当時、上海日本軍の依頼を受けてきたという酌婦募集業者に対し、群馬県警察署で行われた取調べの内容が記録された文書である。

保第二四二号
昭和一三年一月一九日　郡馬県知事（警察部長）
内務大臣殿

陸軍大臣殿
北海道庁長官殿
警視総監殿
各庁府県長官殿
高崎連隊総司令官殿
高崎憲兵分隊長殿
（県下各警察署長殿）

上海派遣軍内陸軍慰安所の酌婦募集に関する件

神戸市湊東区福原町二一三　遊郭業者　大内藤七

右の者は、自己の住所地で娼妓数十人を雇って遊郭営業をしてきたためか、今回、事変で出征した将兵たちを慰労するためと称し、また在上海陸軍特務機関の依頼と称して、上海派遣軍内の慰安所で酌婦稼業（醜業）をする酌婦三〇〇〇人が必要だという。このため本年一月五日、酌婦募集のために

管下前橋市連雀町一七　芸娼妓・酌婦など紹介業　反町忠太郎

宅を訪ねた。その後、幾度も前橋を訪れ、別紙の書類（契約証〈一号〉・承諾書〈二号〉・金員借用証書〈三号〉・契約条件〈四号〉）を提示して、酌婦募集を依頼してきた事実がある。

本件には、果たして軍の依頼があったかどうか明らかでないし、公序良俗に反するような事業を公然と広めるような行為は皇軍の威信をひどく失墜させるものと思われるため、厳重に取締るべきである。所轄の前橋警察署長に指示してくださるよう申し上げる。

なお大内藤七の言動は次のようであるのでご報告申し上げる。兵庫県では取締りを徹底され、煩雑だと思われてもその結果をご通知いただきたい（県下の各警察署長たちが厳重に取締る必要がある。）

記

日支事変による出征将兵もすでに中国在留期間が数ヶ月となり、戦争も峠を越えて一時駐屯態勢となったため将校が中国の醜業婦と遊んで病気にかかる者が非常に多い。軍の医務局は、戦争よりむしろこの花柳病の方が恐ろしいというような状況だった。そんなところにこうした施設の問題が起こったので在上海特務機関が我々業者に依頼することになり、同僚

神戸市湊東区福原町　現在上海在住の遊郭事業者　中野光蔵

を通じて約三〇〇〇人の酌婦を募集して［現地へ］送ることになった。すでにこの問題は、昨年一二月中旬から実行に移され、現在二〇〇～三〇〇人が現地で稼業を営んでいる。兵庫県や関西方面では県当局も了解して応援している。

営業は我々業者が出張してやるので軍が直接やるのではないが、最初に別紙のような花券（兵士用二円、将校用五円）を軍隊に営業者側から納付し、これを軍で各兵士に配る。これを使用する場合、各将兵たちが我々業者に花券を渡すこととし、業者たちはこれをまとめて軍経理部からその使用料金を受け取る仕組みになっている。直接将兵から現金をもらうのではない。軍は軍としての慰安費のようなものからこの費用を支出するらしい。

いずれにしても今月二六日には、神戸港から第二回の酌婦を軍用船で送るつもりで、現在募集中である、などと言っている。

（一号）　契約証

一、稼業年限

一、契約金

一、上海派遣軍内の陸軍慰安所で酌婦稼業をすること。

一、賞与金は、稼いだ金の一割とする（ただし、半額は貯金すること）。

一、食費・衣装・消耗品は抱主の負担とする。

一、年限途中で解約する場合、元金の残額、違約金および稼業開始当時の諸費用一切を直ちに支払わねばならない。

右の契約条項を順守・履行する内容は、この契約証による。

昭和　年　月　日

本籍地

現住所　　稼業人

現住所　　連帯人

殿

（二号）　承諾書

本籍
住所

稼業人

年　月　日生

右の者は前線で貴殿の指定する陸軍慰安所で酌婦稼業（娼妓と同様）を行うことを承諾する。

昭和　年　月　日

右戸主または親権者

稼業人

（三号）　金員借用証書

一　金

右の金員を本人が必要として受け取ったため借用した事実がある。そのため返済方法は、別紙契約書に基づいて、酌婦稼業をしながら返済することにした。万一、本人が契約を履行できないときは、本人と連帯者が速やかに返金するよう後日のために借用証書をこのように作成する。

昭和　年　月　日

本籍地
現住所　　　　借用主
現住所　　　　連帯人
殿

（四号）

拝啓　今年も残り少なくなり、ご多忙のことと存じます。私は今回□□の了解の下、中国中部の方面に皇軍の将兵の慰安を目的とする慰安所を設立することになりました。左の条件で約五〇〇名の酌婦を募集いたしますので、お手数ですが何卒大至急お手配をお願いしたく存じますので、お知らせ致します。すぐ出張できますように、ご一報をお願い申し上げます。

昭和一二年一二月二八日

大内藤七

殿

条件
一、契約年限　満二ヶ年
一、前払金　五〇〇円から一〇〇〇円まで。ただし、前払金の二割を控除して保護費用、交通費に充てる。

一、年齢　満一六歳から三〇歳まで。

一、身体健康で、親権者の承諾が必要である。ただ養女籍の者は、実家の許諾がなくても問題ない。

一、前払金の返済方法は、年限終了と同時に消滅する。年期中にたとえ病気で休養したとしても年期終了と同時に前払金は完済される。

一、利子は年期中なし。途中で廃業する場合は、残金に対して一ヶ月一分である。

一、違約金は一ヶ年内の場合、前払金の一割である。

一、年期の途中で廃業する場合は日割計算とする。

一、年期満了して帰国するときは、帰国費用を抱主が負担する。

一、精算は稼ぎ高の一割を本人の所得として毎月支払う。

一、年期を無事に満了した場合は本人の稼ぎ高に応じた慰労金を支給する。

一、衣類、寝具、食費、入浴料、医療費は抱主の負担とする。

（出典：国立公文書館、文書名「支那渡航婦女ノ取扱ニ関スル件」[7]）

［花券］

イ　發券者捺

イ　元締捺

派遣軍慰安所
イ　花　券

イ
派遣軍慰安所
壹花券
金五圓
本券一枚御一名限

ロ　發券者捺

ロ　元締捺

派遣軍慰安所
ロ　花　券

ロ
派遣軍慰安所
壹花券
金貳圓
本券一枚御一名限

【文書―4】北支派遣軍慰安酌婦募集に関する件【山形県知事】（昭和一三〔一九三八〕年一月二五日）

〔解説〕一九三八年には、山形県でも酌婦募集業者が活動を始めた。この文書は群馬県前橋市で活動していた前出の募集業者、大内藤七（兵庫県神戸市）の依頼を受けた山形県最上郡在住の戸塚国五郎に対する山形県警の取調べ内容である。またこの文書は、山形県知事兼警察部長が業者に対する取調べの結果を上官である内務省の大臣に報告したものでもある。

同警察署でも、未だに上海の現地日本軍が酌婦の募集を業者たちに依頼したことを知らされていない状況であることが分かる。

昭和一三年一月二五日

山形県知事　武井群嗣

（山形県警察部長）

内務大臣　末次信正殿

陸軍大臣　杉山　元殿

警視総監　殿

各庁府県長官　殿

（県下各警察署長、新庄を除く）

北支派遣軍慰安酌婦募集に関する件

神戸市湊東区福原町二一三　遊郭業者　大内藤七

管下の最上郡新庄町桜馬場の芸娼妓酌婦紹介業者である戸塚国五郎は、右の者から「今回、北支派遣軍で将兵の慰問のために全国から二五〇〇人の酌婦を募集することになったので、五〇〇人の募集を依頼してきた。酌婦の年齢は一六歳から三〇歳までで、前払金は五〇〇円から一〇〇〇円まで、稼業年数は二ヶ年。この紹介手数料は前払金の一割を軍部が支払う、云々」と言った。

これを所轄の新庄警察署で聞きつけたようで、これは軍部の方針としてはすぐに信じることができないだけでなく、このようなことが公然と流布されているということは、銃後の一般民心、特に招集に応じた家庭を守る婦女子の精神に及ぼす悪影響は大きい。さらに、一般婦女子の人身売買防止の精神にも反するものであって、所轄警察署長はこのような趣旨を戸塚国五郎に懇切に伝えて諭した。彼はこれを了解し、本人が高齢のため活動が思うようにできないなどの事情で募集を断念した。以前、送付された書類の一切を前記大内に送り返した状況である。

右の内容を申し上げ、通報する次第である。

（県下の警察署長は、これを参照の上、取締りに問題なきを期してほしい。）

（出典：国立公文書館、文書名「支那渡航婦女ノ取扱ニ関スル件」）

【文書―5】中国渡航募集取締りに関する件［高知県知事］（昭和一三〔一九三八〕年一月二五日）

〔解説〕高知県の知事は、日本の各地に酌婦募集業者が現れることを憂慮して、内務省大臣と各知事にこの文書を送り、業者を取締るように呼びかけている。特に、軍の依頼を受けたと言ったり、売春を目的とする女性を募集する業者たちに対して中国渡航を禁止すべきであると主張している。

この文書は、高知県でも未だに上海の現地軍が、多数の酌婦を募集し始めたことを知らされていない状況で作成されたものである。当時の日本の刑法でも酌婦の募集は人身売買と同じで犯罪であったため、警察当局が取締りに出たのは当然のことであった。

保発第二四号　　昭和一三年一月二五日　高知県知事　小林光正

内務大臣　末次信正殿

各庁府県知事殿

中国渡航婦女募集取締りに関する件

最近、中国に渡航する婦女を募集する者たちが続出する傾向がある。これは主に中国航渡後に醜業に従事させることを目的とするものであり、あたかも軍との連絡のもとに募集するような言葉を使うなど、よろしくない。したがってこの取締りに関して別記のように通牒を発したので、一応ご参考までに申し上げ、報告する。

記

中国各地の治安が回復するにつれて各地に企業家が進出し、これに伴って芸妓・給仕婦などの進出も非常に多い。その中には軍当局との連絡を取っているように言って、これらの渡航婦女子を募集する者などが増える傾向にある。軍の威信に関する言葉を用いて募集する者には絶対に募集を禁止し、また醜業に従事する目的で渡航しようとする者に対しては身許証明書を発給しないように取扱いをお願いする。

（出典：国立公文書館、文書名「支那渡航婦女ノ取扱ニ関スル件」）

【文書―6】時局利用婦女誘拐被疑事件に関する件【和歌山県知事】（昭和一三〔一九三八〕年二月七日）

〔解説〕一九三八年二月七日、和歌山県で婦女を誘拐しようとした容疑者が逮捕された。彼らは上海現地軍の依頼で三〇〇〇人の酌婦を現地に送る計画だと口を揃えて申し立てた。和歌山県はこうした話が事実なのかどうか、同じ事件のあった長崎県知事に照会した。

長崎県では業者の言う通りに上海現地の日本軍が業者に婦女子動員を依頼した事実があり、上海の日本総領事館から業者に対する便宜を提供してほしいという依頼が正式に入った旨を確認した。これによってまさかと考えていた上海の現地日本軍の酌婦動員指示が、日本国内で初めて事実として確認されたのである。

一方、長崎県は活動していた業者の出身地大阪府に照会し、同じような事実があったことを確認した。このように照会を重ねる過程で、慰安婦（＝芸娼妓、酌婦、女給などの名目）動員と慰安所の建設に上海現地の日本総領事館、武官室、憲兵隊などが役割分担をしているという事実が明らかになる。

現地日本軍が慰安婦の動員を決定すれば、現地の外務省総領事館や領事館が協力し、日本国内では内務省と警察が業者に便宜を与え、領事館と軍が準備した軍用船で女性を中国現地に派遣していたことが事実であったことをこの文書は明瞭に証明している。

そしてこの文書によれば、「港到着と同時に［婦女子を］領事館に留まらせないことを原則として、上陸許可の決定後、直ちに憲兵隊に引き渡すこと」という規則を定めている。すなわち女性たちは、中国の港に到着した後に領事館での簡単な上陸手続きを終え、その後に憲兵隊によって直ちに現地慰安所に移送されたのである。逃亡を防ぐための策であったと思われる。

すなわち、港には軍の憲兵隊が待っており、女性たちが万一心を変えても逃走できないようにして女性たちを前線の慰安所に直ちに送るシステムが構築されていたのである。女性たちは、日本や朝鮮から軍用船に乗った瞬間から、戻ったり契約を取り消したりすることができないようになっていたのであり、これこそが日本政府と日本軍による強制連行シムテムと呼べるものであった。

また、大阪府の警察署長から和歌山県警察署長宛の文書内容で分かるように、警察署が先頭に立って酌婦募集業者に便宜を提供し、それを他の警察署長たちにも奨励していたことが確認できる。便宜を提供するということは、初めから女性たちの動員を認めていたということと同義であるため、業者たちの不法行為にもできるだけ目をつぶるという結果となったのは当然であった。すなわち業者による略取誘拐が大目に見られる環境が日本本土・朝鮮・台湾などで出来上がったのである。

この文書には、「稼業婦女（酌婦）募集のために日本本土と朝鮮方面を旅行している者がいる」と書かれており、業者たちはそのような者たちに便宜を提供してほしいと当局に依頼しているのである。

刑第三〇三号

昭和一三年二月七日

和歌山県知事

（警察部長）

内務省警保局長殿

（県下、各警察署長殿）

時局利用婦女誘拐被疑事件に関する件

当県下の田辺警察署で標題のように事件が発生し、その取調べ状況は次の通りである。この内容を申し上げ報告する次第である。

（現下ではこれを参考にして取締りに活用するとともに、今後同様の犯罪が生じた場合は、捜査に着手する前に報告すべきである。）

記

一　事件の認知状況

昭和一三年一月六日午後四時ごろ、管下の田辺町大字小浜の通称「文里飲食店街」で、三人の挙動の不審な男性たちが徘徊していたので注意を与えた。ところでそのうちの二人は、文里水上派出所の巡査に「自分たちは疑わしい者ではなく、軍部の命令で上海の皇軍慰安所に送る酌婦たちを募集に来た者で、三〇〇〇人を送れという要求があってすでに七〇人は昭和一三年一月三日に陸軍の御用船で長崎港から憲兵が護衛しながら上海へ送った」と話したという報告があった。

真相が疑わしいので、情報係の巡査に捜査をさせたところ、「彼らは文里港の料理店『萬亭』、すなわち中井駒之助の家で遊び、酌婦を呼んで酒を注がせながら上海行きを勧めたという。交渉方法に無知な婦女子に対して金儲けができること、軍隊だけを相手に慰問して食事は軍から支給されるという話をしたという。これには誘拐の疑いがあるので、被疑者を同行して取締りを開始した。

二　事件の取調べ状況

被疑者を取締ったところ

大阪市西区仲ノ丁二一　貸席業[8]　佐賀今太郎　当年四五歳
大阪市西区仲ノ丁一―三八九　貸席業　金沢仁右衛門　当年四二歳
海南市日方町六〇三　紹介業　平岡茂信　当年四〇歳

と自供した。金沢仁右衛門の自白によると昭和一二年の秋ごろに

大阪市西区十返町　　会社重役　小西＊夫

神戸市福原　　貸席業　中野某

大阪市西区仲ノ丁　　貸席業　藤村政次郎

という三人と陸軍御用商人の某（氏名・未詳）とともに上京し、徳久少佐を介して、荒木大将[9]、頭山満[10]と会合した。そこで上海皇軍の風紀と衛生上、年内に日本本土から三〇〇〇人の娼婦を送ることになった。詳しい事情は分からないが、藤村と小西の二人が女性七〇人を送ったが、九条警察署（大阪府）、長崎県外事課で便宜を図ったという。

上海では情交金は将校五円、下士官は二円で、二年後に軍が引き揚げてくる時に一緒に引き揚げることにして、前払金は八〇〇円まで出すことができる。募集に際して藤村政次郎の手先として和歌山県下に入った。しかし勝手がよく分からないので、このような事情を明かして平岡茂信に案内をさせた。そして御保町で

小柳八十子　当年二六歳

藤戸トミエ　当年二八歳

の二人に、小柳八十子には前払金四七〇円、藤戸トミエには前払金三六二円を支払って、海南市平岡茂信宅に預けたと自供した。

これにより、九条警察署関係を照会するとともに、真相を解明するため、小柳と藤戸などを同行して事情を聴いたところ、金沢仁右衛門の自供のように誘拐方法を供述した。

三　身柄の処置

照会によって被疑者三人の身元だけが判明したが、皇軍慰問所の有無は不明だった。しかし九条警察署が、

酌婦公募証明を出した事実が判明した。しかし疑問点が多かった。真相確認後に調査を行っても被疑者の逃走と証拠隠滅の恐れはないと認めて、所轄の検事に報告した後、

被害者　藤戸トミエ
被害者　小柳八十子
被害者　中尾敏子
被疑者　平岡茂信
関係人　中井駒之助
関係人　弓倉スガ

への聴取り調査にとどめて、一月一〇日に身柄を釈放したが、いつでも出頭できるように言い渡した。

四　関係方面の照会状況

長崎県外事課および大阪府九条警察署に照会したところ、左記のような回答が来た。

記

(一)　長崎県外事課からの回答

一三外親第一七〇〇号

昭和一三年一月二〇日

長崎県外事警察課長

和歌山県刑事課長殿

事実調査の件　回答

大阪市南区仲ノ丁一―二一　貸席業　佐賀今太郎　他二人

右の者たちの婦女誘拐の容疑を取調べるという趣旨で、皇軍将兵の慰安婦女渡航に関する事実調査のために、今月一八日付の刑第三〇三号で照会した。その結果、本件に関しては昨年一二月二一日付で、在上海日本総領事館の警察署長から本県長崎水上署長宛に、左記のように依頼状を送ってきたので、本県では右の依頼状に基づいて、

一、本人の写真二枚を添付した臨時酌婦営業許可願
一、承諾書
一、印鑑証明書
一、戸籍謄本
一、酌婦稼業者に対する調査書

を所持し、合法的な雇用契約によって渡航するものと認められる者に対しては渡航を許可してきたのでこの内容を回答した。

皇軍将兵の慰安婦女渡来について便宜提供を依頼する件

本件に関して、前線各地における皇軍の進展に伴って、将兵たちの慰安方法について関係諸機関で考究中であるが、最近、本領事館の陸軍武官室と憲兵隊との合議の結果、施設の一端として前線各地に軍慰安所（事実上の貸座敷）を次のような要領で設置することとなった。

領事館　記

（イ）営業願書提出者に対する許諾可否の決定

（ロ）慰安婦女の身許および稼業に対する一般契約手続き

（ハ）渡航上の便宜の取計い

（ニ）営業主、および婦女の身元その他に関する関係諸官署間の照会と回答

（ホ）上海港に到着と同時に領事館に滞在させないことを原則として、滞在拒否決定の上で直ちに憲兵隊に引き継ぐこととする。

憲兵隊

（イ）領事館から引継ぎをした営業主と婦女の就業地への輸送手続き

（ロ）営業者と稼業婦女に対する保護と取締り

武官室

（イ）就業場所、および家屋等の準備

（ロ）一般保健、および検黴[11]に関する件

右の要領で施設を作ることを急いでおり、既に稼業婦女（酌婦）募集のために日本本土と朝鮮方面を旅行している者がいる。今後も同じ用務で旅行する者がいるはずだが、このような者たちには本領事館の発給した身分証明書に事由を記入して本人に携帯させているので、船舶に乗る時やその他の際に便宜を提供するようお取計いをお願いする。なお、上海港に到着後は直ちに就業地に向かう関係上、募集者である抱主、またはその代理人等にはそれぞれ事業に必要な書類（左の様式）を交付して、あらかじめ書類を完備するように指示しておいた。しかし準備のできていない者が多いと予想されて、同時に上海港到着後に複雑な手続きを繰り返すことがないようにしたいので、いったんご面倒でも携帯書類を検査してくださるようお願い申し上げる。

前線陸軍慰安所の営業者に対する注意事項

前線陸軍慰安所で稼業を行う酌婦を募集し、酌婦を伴って上海に渡航しようとする際には、あらかじめ左記の必要書類を取り揃えて、上海港到着と同時に本領事館から出願許可を受けるべきである。もし必要書類が具備できない場合は、上陸を許可せずに直ちに帰還させることがある。

記

一、本人の写真二枚を添付した臨時酌婦営業許可願、各人別に一通（様式第一号）
一、承諾書（様式第二号）
一、印鑑証明書
一、戸籍謄本
一、酌婦稼業者に対する調査書（様式第三号）

昭和一二年一二月二一日

在上海日本総領事館警察署

（大阪九条警察署長から田辺署長宛の回答）

拝啓　唐突にご連絡差し上げますがご容赦願います。

この者がこのほど上海派遣軍の慰安所にて従業する酌婦を募集する際に、内務省の方から非公式に当大阪府の警察部長に依頼してきたこともあり、当府ではかなりの便宜を与え、すでに第一回は今月の三日に上海に渡航させました。現在、そちらの管下にも募集者が出張中ということなのですが、左記の者は当署管内に居住する者であり、身元の不良な者ではないことなど、関係者から願書が提出されております。それらは事実に相違ない点のみ、こちらで証明いたしますので、然るべくお取計いをお願い申し上げます。

記

西区仲ノ丁一丁目　　金沢甚左衛門

一月八日夜

大阪府九条警察署長　　山崎石雄　印

和歌山県　　田辺警察署長殿

（出典：国立公文書館、文書名「支那渡航婦女ニ関スル件」[12]）

【文書―7】上海派遣軍内陸軍慰安所での酌婦募集に関する件［茨城県知事］（昭和一三（一九三八）年二月一四日）

〔解説〕この文書には、一九三八年二月、兵庫県神戸市の遊郭業者が茨城県に現れ、上海に送る慰安婦を募集した事実を茨城県知事が指摘し、内務省・陸軍・県下の各警察署長などに取締りを要請する内容が書かれている。

茨城県では、慰安婦募集に上海現地軍の依頼があったことを、当時まだ知らない状態であった。

保発第四四号

昭和一三年二月一四日　　茨城県知事（警察部長）

内務大臣殿

陸軍大臣殿
各庁府県長官殿
水戸連隊区司令官殿
水戸土浦憲兵分隊長殿
県下各警察署長殿

上海派遣軍内陸軍慰安所での酌婦募集に関する件

神戸市福原　貸座敷営業　大内藤七

右の者は神戸市で貸座敷を営業しているが、先月一九日、所轄の水戸市奈良屋町の料理店を訪れ、主人の伊藤金三郎の店で稼業中の酌婦である

本籍　千葉県夷隅郡東海村一―一七一（前払金六四二円）渡辺ナラ　大正三年一二月二〇日生まれ

本籍　山形県南置賜郡三沢村（前払金六九一円）鈴木ツルエ　大正二年二月一四日生まれ

の二人を上海で酌婦稼業をさせる目的で募集し、今日神戸に向けて出発した事実があります。この募集の経緯を調べてみると、大内藤七は管下の那珂郡湊町で生まれ、約三〇年前に神戸市に移住しました。実際に彼の遠い親戚である江幡寅吉という者が水戸市湊町に現在居住しています。

ところで今年の一月四日ごろに、右の大内が江幡に対して、上海派遣軍から依頼があり、酌婦数人を募集するのに適当な者がいれば知らせてほしいと連絡しました。これに対して江幡は湊町の周旋業大川松吉にこの件の斡旋を委託した結果、その後、大川と大内は前述の伊藤の店の酌婦を募集したのでした。

募集当時、伊藤に上海派遣軍の依頼があるように吹聴しましたが、本件に果たして軍の依頼があったのか全く不明であり、酌婦の稼業は結局、醜業を目的にしていることが明らかなので、公序良俗に反します。し

たがって本事案を公然と吹聴して募集する行為は、皇軍の威信をひどく失墜させるものと認められるため、厳重に取締るように所轄の水戸市湊町警察署長に指示したことを申し上げ、ご報告いたします。兵庫県では相当な取締りを行われ、その結果をどうか返信していただきたく願います。

（県下の各警察署長には、厳重に取締りを願います。）

（以下、省略）

（出典：国立公文書館、文書名「支那渡航婦女ノ取扱ニ関スル件」）

【文書―8】上海派遣軍内、陸軍慰安所の酌婦募集に関する件［宮城県知事］（昭和一三〔一九三八〕年二月一五日）

〔解説〕この文書は、宮城県下でも上海派遣軍に酌婦を送る業者が活動し、その内容を宮城県知事兼警察部長が内務省に報告した文書である。

これまで見てきた文書で、上海現地軍の酌婦募集を要請された業者たちは、兵庫・大阪・和歌山などの関西・近畿地方、そして宮城・山形・茨城・群馬などの東北・関東地方、さらには高知・長崎などの四国・九州地方にも現れたことが分かり、非常に広い範囲で活動を開始していたことが確認される。

彼らは朝鮮方面にも人を送ったことを明言しているので、戦地に送る酌婦動員が非常に大きな規模で組織的な計画であったことが窺える。また、朝鮮における酌婦動員がこの当時に本格化していることも事実であることが分かる。

保第九八一号

昭和一三年二月一五日　宮城県知事（警察部長）

内務大臣　末次信正殿
各庁府県長官殿
管下各警察署長殿

上海派遣軍内、陸軍慰安所の酌婦募集に関する件

この件に関し、先月一九日付の保第二四二号で、貴官群馬県知事からの通報に接し、その後、内偵を行ったところ、今月八日に管下の名取郡□□□の周旋業者である村上源之助宛に、福島県平市□□□の周旋業長谷川□□□から、上海軍の酌婦として年齢二〇歳以上三五歳までの女子に前払金六〇〇円で、約三〇人の周旋を頼むという内容を郵便はがきで依頼してきた事実がある。そして本人の意向を内偵したが、本人は一笑に付して周旋する意思がない。

さらに本件は、事実に関して現在福島県に照会中であることを申し上げる。

（管下の各警察署では本件事案を考慮するとき、継続して内偵し問題を発見した場合は速やかに報告すべきである。）

右の内容をお知らせする。

（出典：『政府調査「従軍慰安婦」関係資料集成』第一巻、五三〜五四頁）

3　「慰安婦」動員本格化に対するここまでの結論

以上見てきたように慰安婦動員の本格的な開始は、日中戦争の拡大にある。南京大虐殺で起きた日本兵による中国人女性に対する性的暴行と性病の蔓延（まんえん）は、軍当局を困惑させた。それに対する対応策として考えられたのが多数の慰安所設置であった。

戦線が拡大するにつれ、続けて多くの慰安婦が必要になった。そのために軍の依頼を受けた業者たちによる婦女略取誘拐という犯罪行為が多発するようになる。軍の依頼を受けた業者たちは、日本の警察署に取締りではなく、むしろ便宜を提供してほしいと要請したのであった。

それに対して内務省は、非公式に業者たちへの便宜提供を一部の警察署に要請している。業者たちに便宜を提供するというこの内務省の方針がやがては全国化し、結局取締りは形式にすぎなくなったという点が、慰安婦問題に強制連行という要素が生じた根本的な要因であった。

第三節　日中戦争以前の中国における慰安所の状況

1　日本軍の中国侵略の本格化と慰安所

日中戦争以前にも中国内には慰安所が存在し、慰安婦も存在した。しかし日中戦争以前の慰安所は、民間業者が設置したものを日本軍が軍慰安所に指定したものが多かった。また日中戦争以前には、日本軍が慰安所を大量に設置する必要はまだなかった。

ところが日本軍は一九三七年の日中戦争をきっかけに、積極的に慰安所の設置と慰安婦動員を推進し始めた。その理由は前述の通り、日本兵が中国の現地女性に性的暴行を加える事件が増え、その結果、中国での民心離反を憂慮した陸軍当局が、軍慰安所を中国内に多数設置することを決定したためである。

そして多くの日本兵が中国の既存の売春施設で性病にかかったため、軍当局は日本軍が管理できる慰安所の設置を望むようになった。さらに日本兵が中国の民間売春婦と接触すれば、日本軍の機密が漏れる恐れもあったため、軍が管理できる慰安所を設置することが急務となった。

このような理由で、日中戦争以前に中国に存在した売春施設と、日中戦争以後に設置された軍慰安所は性格に大きな違いがある。

関東軍は一九三一年に満州事変を起こし、傀儡満州国を建国した。そのような面で、日中戦争以前に中国に存在した慰安所、特に満州の慰安所は日本の満州侵略と関連があるが、まだ当時の日本軍は中国全体での大々的な慰安所設置という方針を下してはいなかった。

一九三七年の日中戦争勃発が、中国大陸と東南アジアを占領しようとする日本軍の本格的な侵攻の始まりであり、これとともに日本軍は占領した中国各地に、そして太平洋戦争勃発以後は、南方の占領地に、大々的に慰安所の設置を推進した。

言い換えれば、日本軍が日中戦争と太平洋戦争を引き起こさずに中国と東南アジアに対する侵略を本格化していなかったら、慰安婦強制動員・強制連行は必要なかったとも言える。こうした観点から見ると、慰安婦問題は女性の人権問題であるだけではなく、日本軍のアジア・太平洋侵略戦争に起因する戦争の落とし子である。

このように日中戦争をきっかけに中国内の慰安所の性格が変化するため、ここでは日中戦争以前の中国での慰安施設の状況を文書を通して確認してみることにしよう。

2　関連文書で見る日中戦争以前の慰安所状況

【文書—9】「衛生業務旬報」〔混成第一四旅団司令部〕（昭和八〔一九三三〕年四月一一日～二〇日）

〔解説〕上海は清朝末期から日本海軍の海外での最大基地であった。それで一九三二年に上海にある日本駐屯軍のため、最初の慰安所が指定された。前述したように上海の日本海軍当局が、上海の歓楽街の遊郭を海軍慰安所に選定したのである。

一方、一九三一年に満州事変を起こした関東軍は日本の傀儡満州国を建国したのだが、その満州地域でも地域を統治する関東軍のために慰安所が設置され始めた。

この文書は満州国の平泉に駐屯した日本軍が経営したものとされる慰安所の健康診断記録の一部である。この慰安所では女性たちに対する性病検査を軍が実施したので、軍が直接管理する慰安所だったことが分かる。この文書で注目すべき点は、慰安婦三八人のうち三五人までが朝鮮人女性だったという点

――である。

衛生業務旬報　昭和八年四月一一日～二〇日
混成第一四旅団司令部

（前略）

六　防疫および衛生施設

平泉に日本人と朝鮮人の娼妓三八人が入って来て開業したため、一六日にその検黴（＝梅毒検査）を実施したが、今後は毎週一回実施することにした。第一回の検査成績は次の通りである。

花柳病[13]予防法としては、芸娼妓に健康診断票を所持させて、客の求めに応じて提示させるように指示し、これを兵士たちに周知させること。その他、星秘膏[14]、コンドームの使用を厳重に伝えること。その他、外出者は帰宅後に必ず陰部を昇汞水（しょうこうすい）で洗浄するように指示した。

検黴成績

	検査人員	有毒者人員	病疾	梅毒	その他
日本人芸妓	一				
同　酌婦	二				一
朝鮮人芸妓	二				一
同　酌婦	三三	四	二	二	一五
計	三八	四	二	二	一七
検査人員に対する％	100％	10・5％	5・26％	5・26％	44・7％

備考　検診者

関東軍臨時第一野戦病院付　陸軍三等軍医　島津清志

歩兵第二五連隊第二大隊付　陸軍二等軍医　針介　順

（出典：国立公文書館、「衛生業務旬報」自昭和七年九月二四日至昭和八年一二月一〇日）[15]

【文書―10】混成第一四旅団芸娼妓酌婦健康診断実施要領〔昭和八（一九三三）年四月二八日〕

〔解説〕この文書は一九三三年、満州国平泉に駐屯した日本軍混成第一四旅団の作成した芸娼妓と酌婦に対する健康診断の実施要領である。これは、慰安婦について日本軍が性病検査とその他の検診を定期的に実施する規定を満州事変以降初めて作成したものであり、この要領がその後に作成される慰安婦管理要領の基礎になったと思われる。この文書の目的は慰安婦の性病管理であり、慰安所を利用する軍人が性病にかからないようにするところにあった。このような慰安婦に対する管理方針は、日本の敗戦時まで続いた。

混成第一四旅団芸娼妓酌婦健康診断実施要領　昭和八年四月二八日

一　旅団警備区域内（満鉄道の付属地を除く）で営業する芸娼妓に対する健康診断は、本要領によって実施するものとする。

二　本健康診断は軍隊の防疫上、必要に応じて行うものであるが、いやしくも人権にかかわるものであるため、慎重に実施することはもとより、憲兵または警察官とよく協議し、遺漏のないことを期することとする。

三　健康診断は、旅団司令部所属の軍医正（旅団司令部所在地以外ではその地の高級医官）が指示する医官に行わせるものとする。

四　健診実施回数は憲兵または警察官と協議して定めるべきであるが、一般検査は毎月一回、局部検査（検黴）は毎週一回以上検査を要するものとする。検査の日時場所等は、検査医官、憲兵または警察官と協議した上で定めるものとする。

五　検査医官は健康診断の結果、疾病にかかって稼業に堪えられない者、または伝染性疾病のある者を発見したときは、その旨を憲兵または警察官に通報することとする。

六　検査医官は、芸娼妓、酌婦の健康診断簿（別紙様式第一）を備え、検査のたびに所見を記入捺印して後の病症の資料とする。

七　防疫の必要上、芸娼妓、酌婦には健康診断受検表（別紙様式第二）を各自毎に常に携帯させ、客の要求に応じて提示させることとする。

検査医官は、健康診断を実施する毎に、健康診断受検表に疾病の有無（病気のある者は病名を記入する）を記入し、捺印した上でそれを本人に交付するものとする。

八　検査医官は、検査終了後、できるだけ速やかに検査概況に検査成績表（別紙様式第三）四通を添付して、旅団司令部所属の軍医正に提出するものとする。

九　不健康者に対しては、楼主に速やかに治療を受けられるように指導することとする。ただし、地方に適当な診療機関のない場合には、関東軍の地方民施療実施要領にしたがって治療を行い、防疫に備えるものとする。

十　妓楼の花柳病予防施設は、できる限り完備するように指導することとする。

以上

（中略）

（参考法規）

娼妓取締り規則

（中略）

第二条　娼妓名簿に記録されていない者は、娼妓稼業を行うことができない。娼妓名簿は、娼妓の所在地の所轄警察官署に備置するものとする。娼妓名簿に登録された者は取締り上、警察官署の監督を受けるものとする。

第三条第三項

娼妓名簿に登録を申請する者は、登録前に庁府県令の規定により健康診断を受けるものとする。

（中略）

第九条　娼妓は、庁府県令の規定により健康診断を受けなければならない。

第一〇条　警察官署が指定した医師または病院で、疾病にかかって稼業に堪えられない者、または伝染性疾患のある者と診断された娼妓は、治癒した後に健康診断を受けなければ稼業に従事することができない。

（中略）

第一三条の一　次の事項に該当する者は、三ヶ月以下の懲役または一〇〇円以下の罰金に処する。

第一〇条により稼業のできない者または稼業停止中の娼妓を強いて稼業に就かせた者。

第一三条の二　次の事項に該当する者は、拘留または科料に処する。

第七条、第九条、第一〇条に違反した者。
（出典：国立公文書館、文書名「衛生業務旬報」自昭和七年九月二四日至昭和八年一二月一〇日）[16]

3　証言で見る満州の軍慰安所

満州の慰安所に関しては、記録がほとんど残っていない。その理由に関しては、敗戦直後に、日本軍が書類をすべて焼き捨てたからだという。一九三九年に満州開拓青少年義勇隊員として満州に渡り、敗戦後に朝日新聞記者となった菅原幸助が著書『初年兵と従軍慰安婦』の中で次のように証言している。

強制連行の資料が「見つからない」のはなぜか。（中略）
旧満州国の関東軍（日本軍）は八月九日のソ連参戦後、直ちに、軍の機密書類を全て焼却するよう全部隊に秘密指令を出した。その焼却資料は、①諜報（スパイ）に関する事項、②七三一部隊など国際法に違反する非人道的な軍事活動資料、③毒ガスなど化学戦兵器で国際法に違反すると思われる事項、④従軍慰安婦強制連行及び慰安所の所在地、管理に関する事項等々であった。
これは筆者が敗戦直後、新京（長春）の関東軍総司令部で少佐の上官から命令として聞いたことである。その後、筆者は約二千人の日本人婦女子を日本まで避難させる命令を受け、新京を列車で出発した。奉天（瀋陽）、吉林、平城、京城、釜山まで南下したが、関東軍の各部隊は「軍機密書類焼却の命令」に基づいて、各地で大掛りな焼却作業をソ連軍による武装解除まで続けていた。日本本土でも同じように、軍の機密資料焼却が全国的（全軍）に行われている。おそらく、旧満州の関東軍駐屯地や元関東軍総司令部での「従軍慰安婦」に関する資料を発見することは困難と思われる。[17]

すなわち、満州における日本軍慰安婦関係の資料は敗戦と同時に日本軍によってすべて焼き捨てられたのである。しかし、文書としての資料がないといっても証言が残っている。ここでは、満州関係の証言のいくつかを集めてみた。

[証言—①] 満州の慰安所にだまされて連行された朝鮮の女性たち

満州の慰安所を論じるとき、重要な研究と証言がいくつか残っている。そのうちの一つに、一九三四年に東京帝国大学文学部国史学科を卒業して、歴史学者の立場からノンフィクションを書いた島田俊彦の著作がある。彼は、武蔵大学の教授を歴任し、専攻は現代日中関係史であったが、満州に関する著作をいくつか残した。その著作の中で、『関東軍—在満陸軍の独走』から慰安婦関連の部分を引用してみる。

> 原善四郎参謀が兵隊の欲求度、持ち金、女性の能力などを綿密に計算して、飛行機で朝鮮に出かけ、約一万(予定は二万)の朝鮮女性をかき集めて北満の荒野に送り、施設を特設して『営業』させた、という一幕もあった。[18]

右の記述は、昭和一六年ごろの関東軍に関する箇所に出てきている。当時、関東軍は対ソ連戦の準備を進めており、その動員計画の中に慰安婦も含まれていたのである。

この文の中に登場した原善四郎に対して、慰安婦問題で先駆的な作品をいくつも発表した千田夏光がインタビューをし、その内容を『従軍慰安婦』の中に書き残している。引用すれば、次の通りである。

ではその朝鮮で具体的にどのように慰安婦は集められたのか。原善四郎氏は大阪市の南に隠棲されていた。新興住宅のなかの静かなつくりの家であった、面と向かうと温厚な老紳士であった。

「当時の陸軍は、新しい部隊が編成動員下令されると、必要慰安婦を朝鮮半島から集めることになっていたのですね」

私はそこからお尋ねすることにした。

「慰安婦のことですな。たまたま関特演（＝関東軍特種演習）のとき兵站担当をやっていました。そう、通称で後方参謀と呼ばれる参謀です。関東軍司令部参謀第三課に属していました。よく憶えていないのですよ。いろいろ今になって言われますけど」

「でも関特演のため、とにかく朝鮮で慰安婦を集められた。それは間違いないので朝鮮で具体的にどのような方法で女性を集められたのですか」

「はっきり憶えていないが、朝鮮総督府総務局に行き依頼したように思います。それ以後のことは知りません。軍としてはというより私は、それ以上は関知しないことにしていたのです」

「つまり必要な数字だけ示し、あとは朝詳総督府の責任で集めてくれということですか」

「ま、そういう訳です」

「では朝鮮総督府、軍から依頼されたその朝鮮総督府はどのようにして集めたのでしょう。当時の状況下で軍の命令、いや命令でなくて依頼でも同じだが、絶対なものだったと聞いています」

「その辺のことは私からはなんとも申されません。だが、朝鮮総督府では各道は各郡へ、各郡は各面にと流していったのではないですか。ご承知だと思いますが、面というのは日本の村にあたります」

「すると女集めの最終責任は面長つまり、村長だったのですか。面長は朝鮮人だったのでしょう」

「詳しいことはわかりません」

「話題を変えます。七十万の兵隊は二万人の慰安婦が必要と弾きだした根拠というか基準はなんだったのですか。兵隊の欲求度や慰安婦の女性の肉体能力から計算したと書かれていますが」

「陸軍大学ではそんな事は教えてくれませんし、後方担当参謀業務として教えられるのは弾薬糧株（＝弾薬と食糧）などの補給のことばかりです。だからどのようにして算出したかと言われても困りますが、はっきり憶えていないけど、それまでの戦訓つまりシナ事変（日中戦争）の経験から算出したのでなかったかと思います。それに一部に二万人と言われてたが、実際に集まったのは八千人ぐらいだったのです。それとこんな事実もありました。集めた慰安婦を各部隊に配属したところ、中には、「そんなものは帝国陸軍にはいらない」と断る師団長が出たのです。ところが、二ヵ月とたたぬうち、「やはり配属してくれ」と泣きついてきたのです。実戦の経験のない師団長だったと思います」

「慰安婦がいないと兵隊は男だけの集団生活ですから荒れるということですか。たとえば兵隊同士の喧嘩が起こったり兵器事故があったりする」

「不測の事故が起こることがあるのは事実ですね」

「すると、朝鮮人女性は兵隊の精神鎮痛剤もしくは安定剤だったのですね。日本人の女性を集めることは考えなかったのですか。考えなかったとすれば、朝鮮人女性の方が集めるに罪悪感もしくは、抵抗感を覚えなくて済むからだったのですね」

「北満の駐屯地には大連とか奉天（現、瀋陽）の花柳街から鞍替えしてきた日本人女性もいました」

「でもそれはいわゆる慰安婦でない。つまり普通の商売女だったのではないですか」

「そうかもしれません」

原善四郎元関東軍兵站参謀は、慰安婦動員を朝鮮総督府に行って依頼したと思うと答えており、二万人を集める予定だったが実際には八〇〇〇人ほどを集めたという。方法は朝鮮総督府が、道—郡—面（村）というふうに命令して最後には面長（村長）が集めたのだろうと言っている。

関東軍の兵士だった長尾和郎は、満州黒竜江省東寧の慰安所で経験した体験を『関東軍軍隊日記―一兵士の生と死と』の中で、右の関東軍の朝鮮女性かき集め作戦に言及しながら、それに続けて次のように書いている。

この影響か、東満の東寧の町にも、朝鮮女性の施設が町はずれにあった。その数は知る由もなかったが、朝鮮女性ばかりではなく日本女性も、将校用の飲食店で「営業」していたことはたしかだ。私は一等兵に進級したある日、戦友の一人と酔うままに施設を覗き歩いたことが、ただ一度あった。施設の全部は藁筵（わらむしろ）で囲まれた粗末な小屋で、三畳ぐらいの板の間にせんべい布団を整き（ママ）、その上に仰向けに横になった女性の姿を見たとき、私の心には小さなヒューマニズムが燃えた。一日に何人の兵隊と「営業」するのか。外に列を作っている兵隊たちを、一人一人殴りつけてやりたい、義憤めいた衝動を覚え、その場を立ち去った。

これらの朝鮮女性は「従軍看護婦募集」の体裁のいい広告につられてかき集められたため、施設で「営業」するとは思ってもいなかったという。それが満州各地に送りこまれて、いわば兵士たちの排泄（はいせつ）処理の一道具に身を落とす運命になった。わたしは甘い感傷家であったかもしれないが、戦争に挑む人間という動物の排泄処理には、心底から幻滅を覚えた。[19]

この文で、満州地域に相当数の慰安所があったことが分かる。そして朝鮮人だけでなく、日本人慰安婦の存在も確認できる。朝鮮の女性たちは「従軍看護婦募集」という言葉でだまされて連行されたという。

そして、満州に女性たちを送り、強制的に慰安婦にしたのは日本軍（関東軍）の明確な計画であった。

[証言—②] 満州チチハルに軍曹として駐留した根本長寿の証言

[証言—①] の内容をさらに補完する証言がある。次の証言は、満州チチハルに軍曹として駐留した根本長寿の証言を、その孫である根本大氏がサイト「祖父の証言―戦争と従軍慰安婦」(https://testimony-of-grandfather.webnode.jp/) で発信している内容である。満州の慰安所の恐るべき実態が掲載されている。

「慰安婦強制と軍の関与はすべて本当のこと。そして業者ではなく軍が直接やっていた。少なくとも満州で自分が居たところ(チチハル)には業者など居なかった。自分の所属していた宇都宮第五九連隊の中に、朝鮮人を連れてくる専門部隊があって、人数は数百人はいたと思う。強制的に、朝鮮人の男はドカタなどの強制労働に、女は慰安婦にさせていた。専門部隊のメンバーは、当時の自分よりずっと上の階級の人で、直接話などをしたこともなく、具体的にどこから朝鮮人を連れてきていたのか、などは残念ながら分からない。

自分の仕事は、ソ連の戦車を撃つための大砲があって、その大砲を馬が引いていたのだが、その馬の鉄沓(蹄鉄)持ちだった、だから朝鮮人連行部隊とは直接関わりはなかった。朝鮮人は男はドカタとして、女は慰安婦や看護婦として、第一四師団からこき使われていた。

チチハルの慰安所は、建物(小屋)がいくつも並んでいて、そこに朝鮮人の女が住み込んでおり、日本兵はその小屋の中に入って性の相手をさせた。その慰安所だけで、朝鮮人慰安婦は二〇〇人は居たのではないか。自分も慰安所を利用したことが幾度もある。それは上からの命令でやっていた。やりたくない者はいいがやりたければタダでやってよかった。自分は金を少しは持っていたので幾らかは女にあげたりもした。

ある時建物に入ると、朝鮮人の女の子が出てきて、泣いていた。話を聞くと、戦地看護婦募集というのに応募してきてみたらパンパンにされた、との事。お前何歳だ、と聞くと一七歳と答えた。自分は彼女に対し、「と言っても日本に逆らったら殺されるんだからしょうがないじゃないか、慰安婦やりなさい」などと教え諭した。女性はみな一〇代〜二〇代くらいで、強制的に慰安婦をやらされていたものだから皆泣いていた。一番若い女で、大体一五〜一六歳くらいから連れてこられていた。また野戦での慰安所は、登山のキャンプに使うような小型のテントだった。そこには全員朝鮮人を連れて行っており、日本人も中国人もロシア人もいなかった。」

慰安婦強制は悪いことだと思わなかったのか？　と自分は聞いた。

「思わなかった。当時は、武力で相手国を倒して領土と資源を奪うこと、それが大日本帝国のため、お国のため、という考えだった。みんなそうだった。そのために相手国の人間を殺すことは悪いことだと思わなかった。殺人を悪いと思わなかったくらいだから、無理やり、もしくはだまして連れてきた女とセックスすることなど悪いとは思わなかった。むしろこの女は日本の兵隊のために役に立っているのだから良いことだと思った。」

（この会話の冒頭、祖父は「悪くねえんだよ！」と一瞬、気色ばんだように答えた。そしてしばらくして「いや、悪いことだわな」と訂正した。当時の考えが頭に残っていて、自分の行為を非難されたように感じたのだと思う。）

「それに朝鮮は当時、日本の「属国」だったから、日本人は朝鮮人を一段下に見ていた、というより完全に奴隷扱いだった、だからそういうことをしたんだ。銃を持っている軍人が沢山いたわけだから、慰安婦は逃げ出すことなど出来なかった、見つかれば銃殺されるか連れ戻されるか、実際殺された女も居た。とにかく当時の日本の軍人は、「日本の言うことを聞かないと殺す」というやり方だった。だから、日本は今北朝鮮の拉致問題をどうこう言っているが、もともとは日本が朝鮮にそういうことを、いやもっとひどいことをしたんだ。だから慰安婦の強制性と旧日本軍の関与を認めた河野談話は正しい、カイロ宣言にある「奴隷状態ナル朝鮮ノ人々」という表現もその通りだ。」

根本長寿元軍曹の証言は衝撃的だ。彼は、満州の所属部隊に朝鮮人を連行する特殊部隊があったという。連行した朝鮮人の男は土方に、女は強制的に慰安婦にした。朝鮮人慰安婦たちはみな戦地看護婦になるなどとだまされて連行されている。そして一番若い朝鮮の女は一五歳ほどだったという。

当時の日本兵たちは、相手国の人間を殺すことなど悪いと思わなかったし、慰安婦強制動員なども全く悪いことと思わなかったそうである。むしろ日本のためになっていると考えていたというのだから、戦時中に人間としての良心は完全にマヒしてしまっていたと思われる。

そういう当時の思想や教育の名残りが、今の日本社会の一部でも繰り返し主張されている。ヘイトスピーチを行う団体やら嫌韓本などの氾濫、韓国や中国に対する悪意のレッテル貼りなどがそういう類である。満州に関しては、このような証言をさらに掘り起こし、その真相を究明していかねばならない。

[証言—③] 満州チチハルの慰安所に強制連行された朝鮮の女性たち

[証言—②] の内容を補完する資料がある。ここでは満州チチハルの慰安所に強制連行された朝鮮の女性に関して、一九三九年に満州にわたり新京（長春）で終戦を迎えたノンフィクション作家の菅原幸助の小説『初年兵と従軍慰安婦』（前掲書）から引用してみることにする。

部屋の中に、黄、赤、紫色の花模様の布団が敷いてあった。朝鮮の女性だ、と聞いてきたのに、日本風の部屋の飾り付けであった。若い女性が、スカートにセーターを着て部屋の隅に座っていた。昭和一九年九月、午後二時。チチハル（斉斉哈爾）の街は、初秋の太陽がまぶしかった。

高橋幸雄（一九）が、チチハル街のどまん中にある従軍慰安婦の宿に、「昼中登楼」したのは理由があった。午後五時以降になると、この宿はチチハル市ほか郊外に駐屯している日本軍（関東軍）の下士官、将校たちでいっぱいになる、と聞いたからだ。

「こんにちは」

幸雄は日本語で、その女性に挨拶をした。

「いらっしゃい」

不愛想だが、日本語が返ってきた。当時、韓国とは言わず、南北共に朝鮮と呼び、人々も朝鮮人と呼んでいた。朝鮮人特有のなまりはほとんどない。東北なまりの幸雄よりもきれいな日本語だった。

「あなたは朝鮮の人。どうしてこんなところで働いているの」

幸雄はその女があまりにも若く、娼婦とはとても思えない感じがして、そんな言葉をかけた。

「分っているくせに。どうしてそんなこと聞くの」

（中略）

「私が、どうしてこんな仕事しているのか知らないの。私はね、釜山近くの村の生れです。日本人の子どもといっしょに、日本の学校で勉強しました。成績もよかったのよ。小学校を卒業すると軍需工場の工員として、強制的に吉林市の工場で働かされたの。三年ほど働いた昨年春、チチハル市に転勤だというので仲間五〇人ほどでチチハル市に来たの」

「そうしたらどうです。朝鮮の娘たちは全員、軍人を慰める仕事だ、と言うんです。大騒ぎになったのよ。皆泣いて抗議したけど、天皇陛下の命令だ、といって強制的にこんなことをやらされているんです」

「いやだ、と言って従わない娘もいた。すると食事も与えない。暗い部屋に閉じ込めて、何日も、水ばかり。死にそうになった娘もいるよ」

「結局、日本の軍隊に体で協力せよ、ということね。とうとう五〇人余りの朝鮮から勤労動員された娘たちが強制的に売春婦にされてしまった。病気もあったけど、一日何人もの兵隊を相手にさせられ、自殺した娘もいます」

「日本の軍隊はひどいね。天皇陛下が戦争の詔書をだし、東条大将たちが戦争を始めたのでしょう。南方じゃアメリカに負け戦だと聞いたけど。本当は、この戦争どうなるの」

「そんなことないよ。日本は必ず勝つよ」

「ウソ、この前の兵隊さんも同じことを言った」

（中略）

「早く布団に入りなさい。時間がないよ」

彼女は、いとも簡単にそう言って幸雄を布団の中に受け入れた。

朝鮮の娘さんや、中国の戦場では中国娘を慰安婦に徴用、強制的に兵隊の相手をさせている、という話を、幸雄は義勇隊開拓団にいるときから聞いてはいた。しかし、目の前にそうした悲惨な環境に落ち込んだ女性を見た。そして彼女の話を聞いて、胸の痛む思いがした。

（中略）

従軍慰安婦。なぜ強制的に日本が……。しかも朝鮮の良家の娘たちを狩り集めるように連行し、泣き叫ぶ彼女たちを売春婦にしてしまったのはなぜか？[20]

「日本人の女が買える慰安所はないのかね」

「あります。二、三ヶ所知っている。だけどたしか日本人慰安所は軍隊の将校、下士官だけで、兵隊さんは入れてくれないらしいよ。まして、開拓団の若者ではダメでしょう」

「ねだんは？　知っている？」

「高い、というだけでいくらかは知りませんね」

「とにかく場所だけ教えてくれ」

「この街の地図に印をつけておきます。あとは自分たちで捜して下さい」

「わかりました。つぎは朝鮮女性の売春宿の所もあるでしょう」

「あります、あります。最近、増えたようですよ。あの娘さんたちは可哀想に、一般家庭の娘さんを、軍の挺身隊といって満州国に連れてきて、その娘たちを強制的に日本軍の慰安婦として働かせている。日本軍は『朝鮮人も日本人だ』と言って、戦争に朝鮮の女まで狩り出し、軍の慰安婦にする、と中国人たちは非難しています[21]」

このノンフィクション小説では、主人公の出会った朝鮮人慰安婦が強制連行されたと語っている。彼女は小学校を卒業すると軍需工場の工員として吉林市の工場に動員され、三年ほど働いた後でチチハル市に転勤だというので五〇人ほどでチチハル市に来たのだが、そこで強制的に慰安婦にされたという。これは女子勤労挺身隊という名目で徴用し、その後に慰安婦にしてしまった事例である。

韓国では慰安婦を挺身隊ともいうが、それはこの事例のように挺身隊の名目で動員して、慰安婦にする事例があり、韓国人女性の立場では、二つは同じものという認識があるからである。日本軍は、朝鮮の一般家庭の娘を軍の挺身隊だとだまして連れてきて、強制的に日本軍慰安婦にしてしまったと作者は中国人の言葉を借りて言う。
女性たちは、「天皇陛下の命令だ」と売春を強制されたという。これが本当ならば、大問題であろう。

[証言―④] 満州琿春の慰安所に強制連行された朝鮮の女性たち

次は吉林省琿春の慰安所に関する証言である。琿春は韓国京畿道にある「ナヌムの家」で生活し、二〇一七年に亡くなった金君子氏が連行された場所だ。

次の文章は、第七三三部隊の工兵一等兵として参戦した島本重三が『私たちと戦争2―戦争体験文』の中に「軍「慰安所」」というタイトルで書いた戦争体験である。

慰安所という名から私は兵隊の好きな甘いものや酒などがあり、レコードが流行歌を奏で、若い女が注文したものを運んでくる健康な場所を想像していた。

初めての外出の日、(中略)曹長のくどくどしい達しがあって、私は慰安所の正体を知った。(中略)兵隊専用のピー屋(慰安所)は琿春の町に五軒散在していた。一軒の店に一〇人ほどの女がいた。「兵隊サン、男ニナリナサイ」。朝鮮の女たちは道ばたに出て兵隊を呼びこんでいた。まだ幼い顔の女もまじっていた。兵隊の慰問のために働くのは立派なことで、その上に金をもうけられると誘われ、遠い所までつれてこられた。気がついたときは帰るにも帰れず、彼女らは飢えた兵隊の餌食として軀(からだ)を投げださねばならなかった。日曜日にはけだものとなった兵隊を相手に少しも休むまもなかった。まだ終らないうちから次の兵隊が戸を叩(たた)いてせかした。ベニヤ板張りの小さな部屋には、貧弱な鏡台とトランクがあった。それが彼女の全財産であった。せんべい布団を被ううす汚れた敷布には、解剖台のような気味の悪い血がしみついていた。生理のときも休むことを許されず、働かねばならない女たちであった。

人を殺すことを軀に叩きこまれ、人間性を奪われた兵隊どもによって、彼女らの人間性もふみにじられ、奪われた。僅かの間に彼女らは心も軀も傷つき、なかには自殺するものもあった。

女を抱きながら私は敵意と悲しみを女の目の中にみた。国を奪われ、男たちは強制的に日本へ送り込まれ、奴隷労働に酷使された。そして女たちは、飢えた兵隊のいけにえとさせられる恨みが目の中にあった。私は軍慰安所へ行くのをやめた。[22]

この証言では、まず、「まだ幼い顔の女もまじっていた」としている。一三〜一四歳のころから慰安婦にさせられた実例があることを証言しているとみられる。そして、彼女たちは、「兵隊の慰問のために働くのは立派なことで、その上に金をもうけられる」という話にだまされて、満州に連行されたのである。慰問という合法的な名目での略取誘拐であった。

また、彼女たちは、「日曜日にはけだものとなった兵隊を相手に少しも休むまもなかった」のであり、「生理のときも休むことを許されず」兵士たちの餌食となったという性奴隷の状態に置かれていた。

自殺する者までいた悲惨な慰安婦の状況を見て、作者の島本重三は慰安婦に同情を寄せている。彼は、女性の目の中に敵意と悲しみを見たという。日本兵の立場でも日本軍の性犯罪は明らかであったのだろう。島本重三は軍慰安所に行かないという方法しか、選択することができなかった。

結局、本人の意思に反して強制的に慰安婦にされた女性たちは、大半が具体的ないかなる助けも受けられず、軍慰安所で性奴隷の生活を送る以外にない立場であった。

4　日中戦争以前の上海慰安所の状況

【文書—11】昭和一一年在留邦人の特種婦女の状況およびその取締り［『在上海総領事館警察署沿革誌』より］（昭和一一〔一九三六〕年）

〔解説〕この文書は、日中戦争以前、一九三六年まで上海に在留した日本人（朝鮮人、台湾人を含む）特種婦女（＝特殊婦女）の状況報告書である。この文書から分かることは、一九三六年まで上海の日本総領事館では、上海の日本国籍の芸妓や遊女などを減らす方針を立てていたという事実である。

そして芸妓や遊女たちも、自発的に店を離れる傾向にあったと記されている点は注目される。したがって日中戦争の勃発した一九三七年七月以前の上海慰安所の女性たちは、強制動員・強制連行され、本人の意思に反した状況で慰安婦になったとは考えにくい。彼女たちは一九三七年以降とは違って、廃業も自由だったようである。

なおこの報告書は上海関連の報告書なので、当時の満州の事情とは異なるであろう。満州の慰安婦関連資料は日本の敗戦と同時に多くは破棄されたため、その実態を把握することは困難である。

昭和一一年在留邦人特種婦女の状況およびその取締り

一　芸妓

昭和一一年末現在、料理店兼置屋の数は二四軒、芸妓の数一四五人で、前年に比べて軒数は増減がないが、芸妓は一〇人減少した。また、芸妓の総揚高は昭和一〇年の三六万八七〇八ドルに比べ、昭和一一年は三四万三〇七四ドルと、前年より二万五六三四ドル減少した。

しかるに、日本と中国の経済提携問題が台頭し、生産物価等が次第に上昇したことにより、紡績その他の商業会社方面の取引が活況を見せ、一一年以降はこれら遊興街方面にも影響を与え、急激な好況を示すに至った。

ほとんどの芸妓は、家庭の経済事情が思わしくない者や、幼いころから芸妓として雇用された者で、教育水準は低くても、最近の社会情勢や国民思想の変遷や接客が比較的上層階級に属するなどの関係上、相当に常識を知り、また契約期間満了後に再契約をする者は珍しく、自ら進んで他の正業に就こうとする者が次第に増加する傾向にある。そのため各営業主は新しい芸妓を雇用するのにかなり苦心している状況である。当総領事館では、右の料理店兼置屋については、保安・風俗・衛生上の取締りに拍車をかけているとともに、新規の営業主や稼業者が次第に減少するように政策を講じている。

二　酌婦

昭和一一年末現在（海軍慰安所の料理店三軒を含む）の数は一〇軒で酌婦数は一三一人（内地人一〇二人と朝鮮人二九人）であり、そのうちの料理店三軒は居留邦人を顧客としており、残り七軒は海軍下士兵を専門的に顧客とし、地域客は絶対に受けない。また酌婦は、健康診断も陸戦隊員と当総領事館の警察官吏が立ち入りして毎週二回、専門医によって施行されている。その他の慰安所に対しては、海軍側と協調して取締りを厳しくし、また新規開業を許可しないこととした。これらの稼業者はいずれも教育水準は低くても、過去数年前に比べて品性と常識がともにある程度向上していることが認められ、同時に、女給、ダンサー、または他の職に転向するという者が次第に増加の傾向にある。

一方、雇用の際は前払金を認めず、稼いだ金額を半分に分けるように契約するよう命じてきたが、事実上の娼妓稼業とみられるこの職業は、雇用の際にある程度は前払金が必要である。またこれらのうち、時に自由廃業等の申請をする者があり、その都度、臨時措置を講じている。

（出典：『政府調査「従軍慰安婦」関係資料集成』第一巻、四三五～四三七頁）

【文書―12】昭和一三年在留日本人特種婦女の状況およびその取締りと租界当局の私娼取締り状況

〔『在上海総領事館警察署沿革誌』より〕（昭和一三〔一九三八〕年）

〔解説〕日本政府は、一九三六年まで上海の遊郭など風俗店を減少させる方向だったが、一九三七年の日中戦争勃発と同時に、上海に駐留する日本の軍人が増加することによって政策を変更し、再び慰安所を増やす方針を定めた。

上海は一八四二年にアヘン戦争を終結させるため清と英国が結んだ南京条約以来、英国・米国・フランス・日本などの租界地となった。当時、上海に日本人が多かった理由がここにある。ところが一九三七年の日中戦争勃発により、中国国民政府は南京・武漢を相次いで失い、重慶に首都を移した。その後、列強の租界都市上海は、日本軍占領地に浮かんだ島のようになってしまった。

この文書で注目すべき点は、上海在留日本人が経営した遊郭内の娼婦たちは、日本本土の公娼制による乙種芸妓であり、一九〇七年七月以来その肩書で営業してきたのだが、一九二九年六月に上海公安局が中国人公娼廃止を宣言し、日本人業者に対しても閉鎖を強要したという事実である。このため一九二九年六月の時点で、上海では公娼制度がなくなったのである。上海の日本総領事館は、これによって公娼制度に代わるものとして、料理店の酌婦制度を設置するようになった。

中国での日本軍慰安婦制度は公娼制ではなく、このような料理店の酌婦制度の延長線上にあるという点は極めて重要な観点である。

日本軍は日中戦争の勃発で上海に多くの兵士が派遣されたために、慰安所を増やす必要が生じた。そのため一九三八年の初めごろから日本の各地や朝鮮で、軍の依頼を受けた酌婦募集業者たちが活動を始めたのは、第一章で見た通りである。業者たちが、慰安婦募集を「酌婦」募集と銘打って始めた理由が、上海では公娼制度がすでに廃止されており、日本の上海総領事館が公娼制度に代って酌婦制度を上海で運営していたからである。酌婦というのは表向きはお客に酒を注ぐ女性という意味だが、彼女たちはその延長で売春が可能であった。

さてこの文書には、一九三八年一二月末現在で上海には海軍慰安所七軒と一般慰安所四軒があると記述している。そして酌婦一九一人のうち、七三人は一九三八年に増員された者たちであるという。また、上海総領事館管内の陸軍慰安所の臨時酌婦は三〇〇人であるとも記録されている。

この文書の内容を見ると、上海の日本軍が三〇〇〇人の酌婦を募集した事件は、一〇分の一の成功率であったようである。

昭和一三年在留日本人特種婦女の状況およびその取締りと租界当局の私娼取締り状況

一　芸妓

上海での芸妓の保護・取締りと待遇の改善などに関しては、常に細心の注意を払ってきたが、かつて昭和四年五月、当該業者たちに株式組織の検番を設置させ、検番料理店と置屋、そして抱主と芸妓の間の貸借契約、稼業期間、収益金の分配、給与などに関して命令によって芸妓の待遇改善を図るとともに、さらに昨年末に一部の命令内容を改善して今日に及んでいる。

そして芸妓に対する待遇などの実情は、むしろ日本本土のそれに比べるとはるかに改善の域に達していると言える。昭和一二年八月、日支事変の戦禍が上海に波及すると、一時はすべて避難し引き揚げたが、同年一二月ごろから徐々に復帰し、現在料理店と置屋二七軒、芸妓数二五七人で、昨年末に比べて四軒増え、六〇人が増員された。

また、芸妓の総揚高は、昨年の事変のための引揚げがあった関係上、二三万一〇〇〇ドルあまりだったが、今年一二月末現在では八五万九八〇〇ドル余りに上昇した。

これらの料理店や置屋、芸妓などに対しては、常に保安・風俗・衛生上の取締りを励行してきたが、支那事変による現地情勢は、従来の漸減策を持続できない事情にあることを考慮し、設備その他の条件付きで増加を許可することとする。昭和一三年一二月末現在、料理店置屋二七軒、芸妓二五七人に増加し、昨年に比べて六〇人の増員である。

二　酌婦

在留邦人の経営する遊郭は、日本本土の公娼制度による乙種芸妓を抱えて明治四〇年七月に開業したものだが、昭和四年六月、上海公安局は管下全域にわたって、中国人公娼廃止を宣言するとともに、中国街にあった日本人業者に対しても閉鎖を強要するなどの態度を見せた。

一方、これに呼応して本邦人で組織された婦人矯風会上海支部も公娼制度に極力反対を唱えて、外務省に陳情書を提出するなどの運動をしたために社会問題として取り上げられたことがある。国際都市での日本人の体面と社会の風教上、常に問題視される状況を考慮し、本総領事館でも同年公娼廃止に代わる便法として料理店酌婦制度を設置し、それ以来、抱えられた酌婦たちの改善を図ってきた。ところが昭和七年の上海事変勃発と同時に、日本軍の現地駐屯員の増員によって、これらの兵士の慰安機関の一助として海軍慰安所

（事実上の遊郭）を設置して現在に至った。

ところで本業者も今回の事変勃発と同時に一時的に日本本土に避難したが、昨年（一九三七）一一月ごろには状態が回復し、その後、在留邦人が激増するとともに、滬月、末広の遊郭を増やして一二月末現在で事実上、遊郭一一軒（海軍慰安所七軒を含む）、酌婦一九一人（内地人一七一人、朝鮮人二〇人）となって、昨年に比べ七三人増員された。そして一般遊郭四軒は、ほとんど居留邦人を客とし、他の海軍慰安所七軒は、海軍下士官を専門にして、地方の客とは絶対に接触させない。また酌婦の健康診断も陸戦隊と当総領事館の警察官吏の立会いのもと、毎週一回、専門医が実施している。また、その他、当総領事館管内に陸軍慰安所の臨時酌婦三〇〇人がいる。

（以下、省略）

（出典：『政府調査「従軍慰安婦」関係資料集成』第一巻、四四七〜四五〇頁）

5　日中戦争以前の慰安所考察に対する結論

日本軍による軍慰安所は、一九三二年に上海においてはじめて設置されたとされる。海軍が上海の民間慰安施設を軍慰安所として改編したという記録が残っているからである。これに対して満州の関東軍による記録もわずかながら残っており、こちらは早くから軍主導の慰安所であった。なぜならば、軍による慰安婦の管理が性病検査などですでに日中戦争以前から徹底的に行われていたからであり、証言によっても満州の日本軍は直接朝鮮人狩りを行っていた。当時は鉄道で朝鮮から満州に比較的容易に行くことができた。また満州に住んでいた朝鮮人たちを、関東軍の部隊が直接に強制動員した可能性がある。満州関係はまだ研究が進んでいないので、今後に期待するしかない。

上海では、一九三七年に日中戦争が始まる以前には慰安所の数を減らす方針であった。それが日中戦争によって慰安所増設に方針が変わった。一方、満州では満州事変以来、日本兵が多数駐屯していたため、慰安所はかなりの数に上っていたものとみられる。そのため満州には朝鮮などから婦女を略取誘拐して慰安婦にする犯罪行為がかなり早い時点から行われていたとみるべきである。

第二章　「慰安婦」募集に関する内務省通牒と動員の実態

第一節　「慰安婦」募集に関する内務省通牒

1　本格化する日本軍の「慰安婦」動員と内務省の便宜提供

第一章で見たように、一九三七年一二月ごろから日本内に上海現地の日本軍に酌婦約三〇〇〇人を送るために婦女子を募集する業者が頻繁に現れ始めた。業者たちは略取誘拐の手口で女性を連行しようとしていたため、警察に検挙された。

しかし彼らは取調べ中に、「上海現地の日本軍の依頼を受けた」と供述したため警察署が調査したところ、業者の言葉が事実であることが判明した。上海現地の日本軍が多くの慰安所を設置するために、慰安婦（＝酌婦）の募集を業者に任せたのだった。

これに対して内務省は人身売買を禁止する国際条約に日本が加入している関係上、本来は許容できないことだが、現地軍の事情を考慮してしばらくは目をつぶろうと提案する。さらに女性を動員するため、領事館・憲兵隊・武官室などの役割分担が決定されたが、その公文書を見ると日本だけでなく朝鮮にも業者を送ったことが記録されていた。

第一章で見た文書で確認されたことは、日本や朝鮮から中国に女性を送る時、軍との協議の下で主に軍用船を使用し、中国の港に着いた後には、ただちに女性を憲兵隊に引き渡して慰安所に移送するというシステムだった。満州の場合は、朝鮮からは鉄道で女性たちを送ることも可能であった。ここで女性たちが軍用船や列車に乗った後は、業者・領事館・憲兵隊などによって慰安所に連行され、実際には逃げることができないように仕組まれていたため、この過程はまさに強制連行であったということである。

天皇直属部隊である中国現地の日本軍の決定であるため、慰安婦の動員に協力せざるを得ない日本政府は、内務省が国内外に目立たないように軍の証明を持った業者に便宜を提供するという動員方針を立てた。しかしこのような方針は、軍の許可があれば警察署が業者の動員方法を黙認して、慰安婦募集に便宜を提供するということであり、多くの不法行為が行われても問題視しなかったことを示唆している。

ここで扱う内務省通牒では、女性たちの渡航には親族または戸主の許可が必要であったが、許可を与える人がいない場合にはその事実を記載さえすれば渡航が許可されており、結局、文書偽造や詐欺があっても防ぐことのできない仕組みになっていた。

一方、内務省が業者への取締りを強化したと主張する向きがあるが、「軍の証明を持った業者へ慰安婦動員の便宜を提供せよ」という内容が内務省通牒による日本政府の本質的な方針であったため、取締りは軍の許可証のない業者に対してのみ実施されたのである。軍の許可証を持った業者たちには、横暴があったとしても目をつぶった日本政府は、結局、軍の横暴に目をつぶったのと同様であり、日本政府は軍や業者の犯罪に対する共犯・幇助(ほうじょ)者として慰安婦強制連行の法的責任を免れることはできない。現地軍は慰安婦動員を直接指示し、それに許可を与えた軍部は慰安婦動員に伴う詐欺行為や物理的強制動員について目をつぶり、女性たちの救いを求める声を黙殺したため、やはり法的責任を免れることはできない。

2　関連文書で見る軍と政府の「慰安婦」動員システム

【文書―13】中国渡航婦女の取扱いに関する件〔内務省警保局長〕（昭和一三〔一九三八〕年二月二三日）

―――〔解説〕この文書はいわゆる「内務省通牒」と呼ばれる文書である。中国現地の日本軍からの慰安婦動員要請を受け、内務省が慰安婦動員許可を下した文書である。しかし日本政府は、一九二五年に「婦女人身売買を禁止する国際条約」に加入した経緯があるため、国際的な視線を意識してこの文書の中で形式上は取締りを強化するとしているが、軍の許可を受けた業者たちは黙認して便宜を提供するようにせよという方針が文書の中に明記されている点に注目しなければならない。

内務省は、「日本国内で醜業をしていた満二一歳以上の女性だけを中国に送れるようにしよう」という方針を立てている。しかし朝鮮や台湾にはこのような規定が適用されず、日本国内の女性にも実際には適用されない事例が多かった。いわゆる甘言と就職詐欺の手口が数多く用いられたことが多くの証言によって確認されている。

この文書には、「婦女の渡航は現地の実情を考える際は、確かに仕方なく必要な面がある。警察当局でも特に考慮して、実情に合った措置を講じる必要がある」とし、婦女の中国渡航を事実上必要と承認している。しかし同時に「帝国の威信」や「皇軍の名誉」を汚してはならないとして適切な取締りが必要であるとし、「婦女売買に関する国際条約の趣旨」もあるので注意を喚起している。これらは結局のところ、醜業婦の動員を許可することはするが、決して目立ってはいけないと言っているのと同じである。

さらに「内務省通牒」には、「醜業を目的として渡航しようとする婦女は、必ず本人自らが警察署に出頭して身分証明書の発給を申請すること」、「醜業を目的とする婦女が渡航する際に身分証明書を発給する時には、稼業契約その他諸般の事項を調査し、婦女売買または略取誘拐等の事実がないように特に留意すること」などの取締り規定が記されている。しかし、実際には業者たちが女性たちを中国に渡航させるために動員する際には「醜業」関連の話はせずに、酌婦・芸娼妓・女給・病院勤務・軍隊での雑用などをするという言葉で巧みにだました事実が確認されている。

長い間、日本軍慰安婦問題を研究してきた吉見義明教授は、「この通牒には「内地[23]で従業員を募集するため」と書かれており内地にのみ適用された」と指摘し、「朝鮮や台湾では適用されなかった」と主張している。吉見教授は、朝鮮や台湾では、誘拐・甘言・人身売買などによって女性たちが動員されたため、「内地では違法行為が起きないように取締ったとしても、植民地ではそのような措置を取らなかった」、「植民地では軍または警察が選定した業者には不法行為を黙認した」（『ここまでわかった！日本軍「慰安婦」制度』かもがわ出版（二〇〇七）二五〜二七頁）と指摘している。筆者はさらに進んで、日本国内でも「内務省通牒」などに言う「取締り」は、形式に過ぎなかったとみる。日本の女性たちもだまされて連行されたという証言があり、日本軍の慰安婦動員は、基本的に略取誘拐であったというのが筆者の見解である。

日本政府が日本・朝鮮・台湾などで醜業婦の動員を許可した文書がこの「内務省通牒」であるため、まさにこの文書は、日本政府が醜業婦、すなわち慰安婦動員に法的責任があることを示しているのである。

内務省発警　第五号　昭和一三年二月二三日

内務省警保局長

殿

中国渡航婦女の取扱いに関する件

最近、中国各地での秩序の回復に伴って渡航者が著しく増加しているが、それらの中には現地で料理店、飲食店、カフェー、または遊郭と類似した営業者と提携し、それらの営業に従事することを目的とする婦女数が少なくはない。さらに日本本土でこれらの婦女の募集を周旋する者の中には、まるで軍当局の了解があるかのように言う者たちも、最近各地に頻繁に現れている状況である。

婦女の渡航は現地の実情を考える際は、確かに仕方なく必要な面がある。警察当局でも特に考慮して、実情に合った措置を講じる必要がある。しかしこれらの婦女たちの募集周旋などの取締りに適切さが欠ければ帝国の威信を傷つけ、皇軍の名誉を汚すことになる。さらにそれだけでなく、後方を守る国民、特に出征兵士や遺族に好ましくない影響があり、婦女売買に関する国際条約の趣旨にも反さないようにすることは難しい。そこで現地の実情その他、様々な事情を考慮して、今後これに対する取扱いに関しては、左記の各号に準拠することと致したく、命によってこれを通牒する。

記

一　醜業を目的とする婦女の渡航は、現在、日本本土で娼妓その他で事実上の醜業を営み、満二一歳以上であり、性病その他の伝染性疾患のない者で、中国北部や中部方面に向かう者に限って当分の間これを黙認することとする。昭和一二年八月、米三機密合第三七七六号外務次官通牒[24]による身分証明書を発給すること。

二　前項の身分証明書を発給する時は、稼業の仮契約期間が満了するか、または稼業を続ける必要がなくなった際には、速やかに帰国するようにあらかじめ言い諭しておくこと。

三　醜業を目的として渡航しようとする婦女は、必ず本人自らが警察署に出頭して身分証明書の発給を申請すること。

四　醜業を目的とする婦女が渡航するために身分証明書の発給を申請する時は、必ず同一戸籍内の最も近い尊族親、尊族親のいない場合は戸主の承認を得させることとして、もし承認を与える者がいない場合はその事実を明らかにすること。

五　醜業を目的とする婦女が渡航する際に身分証明書を発給する時には、稼業契約その他諸般の事項を調査し、婦女売買または略取誘拐等の事実がないように特に留意すること。

六　醜業を目的に渡航する婦女、その他一般風俗に関する営業に従事することを目的に渡航する婦女の募集周旋などを行う際に、軍の了解または軍と連絡があるようなことを言う者は、全員厳重に取締ること。

七　前号の目的で渡航する婦女の募集周旋などのために広告宣伝し、虚偽または事実を誇張して伝えるなどの行為は全て厳重に取締ること。または、こうした募集周旋などに携わる者に対しては、厳重に調査し、正規の許可あるいは在外公館などが発行する証明書を持たず、身元が不確かな者には認めないこと。

（出典：国立公文書館、文書名「支那渡航婦女ノ取扱ニ関スル件」）

【文書―14】軍慰安所従業員等募集に関する件〔陸軍省副官〕（昭和一三〔一九三八〕年三月四日）

〔解説〕この文書は、慰安婦強制動員を立証している非常に重要な文書の一つである。この文書は前記の文書―13「内務省通牒」が下達された後に陸軍から出された文書である。

陸軍省兵務課が起案し、陸軍大臣の委任を受けた陸軍次官が決裁し、陸軍省の高級副官が中国に派遣された軍参謀長に通知した文書である。この文書には当時の陸軍次官梅津美治郎の捺印もある。陸軍大臣は、陸軍次官や陸軍省高級副官の名前で通牒を出すことが多かったのである。

内容は、慰安婦募集業者を取締るべきという文章で始まるが、結局は、慰安婦募集には中国派遣軍が統制できて、募集を任せることのできる人物をきちんと選定しなければならないと主張している。そして募集の際には、関係する地域の憲兵や警察当局との連絡を緊密にしながら、軍の威信を落とさないように配慮しなければならないと注意を促している。

すなわちこの文書は、「女性たちを慰安婦として動員するものの、社会的問題にならないよう取締りながら実施せよ」と慰安婦動員を内密に進めることを指示した文書である。この文書は「内務省通牒」という形で、日本政府が慰安婦動員を許可した後に出された文書であるため、社会問題にならないよう慎重に動員せよという軍の指示なのである。

慰安婦動員が社会問題にならないように、日本の関連省庁が互いに連絡を取り合う方式で公権力が投入されていた。すなわちこの文書は、慰安婦の動員は日本軍が主導し、日本政府が幇助したという証拠であり、その両方に法的責任があることを証明する文書の一つなのである。[25]

軍慰安所従業婦等募集に関する件[26]

陸支密第七四五号　昭和一三年三月四日

副官より、北支方面軍および中支那派遣軍参謀長宛通牒案

支那事変の地に慰安所を設置するため、日本本土でその従業婦などを募集する際に、むやみに軍部の了解があるなどと言って軍の名義を利用し、そのために軍の威信を傷つけ、また一般人の誤解を招くおそれのある者、あるいは従軍記者や慰問者などを介して女性を統制なしに募集し、社会問題を引き起こすおそれのある者、また募集を任せる者の人選が適切でなく、そのために募集方法が誘拐に類似して警察当局に検挙されて取調べを受ける者がいるなど注意を要するものが少なくない。

今後、このような募集などにおいては派遣軍が統制し、これを任せる人物の選定を周到にそして適切にし、その実施にあたっては、関係する地域の憲兵および警察当局との連携を密にして軍の威信の維持のため、および社会問題上の手抜かりがないように配慮することを命により通牒する。

（出典：防衛省防衛研究所、昭和一三年、『陸満密大日記』第一〇号）

【文書―15】「漢口攻略後、邦人進出に対する応急処理要綱」送付の件
［在上海総領事代理］（昭和一三〔一九三八〕年）

〔解説〕大本営は一九三八年八月二二日、中支那派遣軍に漢口付近の要地攻略と占領を命じた。日本軍は九月一五日に漢口南端と東端を占領し、中国軍は同日、漢口市内から撤退し漢口は陥落した。

この文書は漢口陥落後、一時日本に避難していた日本の居留民たちの漢口帰還に関する規定である。日本政府は、居留民の帰還以外の日本人の漢口立入りを取締るが、「軍隊慰安所開設に向けて進出する者はこの限りではない」として、軍慰安所設置のために漢口に入る慰安所関係者、慰安婦などは軍の方針として積極的に受け入れるとしている。日本軍における慰安所設置が本格化していることをうかがわせる内容である。

そして、漢口方面に対する通行許可証には「軍事上の必要に基づき、軍隊から発行交付するもの以外は、陸海軍特務部で発給する」と記されている。つまり軍事上必要な慰安所および慰安婦たちの受け入れに軍が主導的な役割を果たしたことを自ら確認しているのである。

機密第三一〇七号、昭和一三年九月二八日

在上海総領事代理、後藤溢尾

外務大臣　宇垣一成殿

「漢口攻略後、邦人進出に対する応急処理要綱」送付の件

漢口攻略後の邦人進出に関して、九月一四日の連絡会議で決定した（現地領事館と十分に連絡するように念を押した）応急処理要綱を、参考までに別紙のように送付する。なお写本一部を花輪総領事に交付しておいた。

昭和一三年九月一四日
連絡会の決定
漢口攻略後、邦人進出に対する応急処理要綱

方　針

漢口に進出しようとする邦人に対しては、軍需の充足と復興の促進を主眼として、当面必要な統制を加える。

要　領

一　漢口居留民の復帰は優先的に認める。特に軍隊または軍人・軍属を対象とする商業従事者・飲食店業者・旅館業者、そして民団（居留民団）役員・運輸業者などを優先するものとする。

二　居留民の中の有力者数名は特務部の進出時に同行することを許可し、漢口の復興・物資の供給・復帰居留民の指導などに関して特務部を補佐する。

三　居留民以外の進出は復帰を希望する居留民の輸送に余裕が生じた後に、進出後速やかに営業を開始できる者から優先的に認める。ただし軍隊慰安所開設に向けて進出する者はこの限りではない。

四　一般旅行者は漢口での宿営設備が整備され、輸送力に余裕がある場合を除き、当分の間旅行を認めない

こととする。ただし調査その他の理由で緊急の必要がある者に対しては、この限りではない。

五　漢口攻略後に進出させねばならない邦人輸送用船舶は、日清汽船にあらかじめ準備させておくこととする。

六　第一便船で進出する者に対しては、商品以外に自家用の食糧としておよそ一ヶ月分を持たせることとする。

七　公共施設の復旧用資材および欠乏物資の輸送は特に考慮を払うこととする。

備　考

漢口方面に対する通行許可証は軍事上の必要に基づいて、軍隊から発行交付するもの以外は陸海軍特務部で発給することとする。

（出典：『政府調査「従軍慰安婦」関係資料集成』第一巻　一二一～一二三頁）

第二節　軍と内務省による「慰安婦」動員の実例

1　南支那派遣軍と内務省による数百人の「慰安婦」動員

一九三八年一一月、中国広東省に駐屯した南支那派遣軍は、約四〇〇人の慰安婦を動員して広東省に派遣してほしいと内務省に申請した。台湾からはすでに三〇〇人を渡航させる準備ができているとし、結局一度に七〇〇人の女性を広東省に呼び寄せる計画であった。

この計画を推進した、特にここでいう南支那派遣軍は日本軍の第二一軍を意味し、通称「波八六〇四部隊」と呼ばれた部隊である。この部隊は一九三八年九月に日本国内で組織され、その後に中国に上陸して広東省を占領した。

そしてこの部隊は、占領した広州市の中山大学医学部に軍本部を設けた。広州市は一九四一年一二月に太平洋戦争が始まると、英国領香港に近いために戦略上重要な拠点となった。

数百人の慰安婦を短期間に動員するのは並大抵の話ではない。そのため、日本軍と日本政府の合作による慰安婦の戦地への動員は無理をする方法しかなく、一般女性たちをだまして連行するというやり方が横行するようになったのである。

2　関連文書で見る「慰安婦」動員の実例

【文書―16】中国渡航婦女に関する件、伺い〔内務省警保局警保課長〕（昭和一三〔一九三八〕年一一月四日）

〔解説〕この文書には一九三八年二月二三日の「内務省通牒」に基づいて慰安婦募集業者の選定や女性の移送を行うにあたっても、それは秘密裏に進めなければならないという内容が盛り込まれている。そして、軍が慰安所を作ると明言しているため、これらの慰安所が軍の指示で作られた点を明確にしている文書でもある。

さらに内務省は要請された慰安婦四〇〇人動員のため、大阪・京都・兵庫などから動員する人数まで指示し、台湾までは女性たちを抱主の費用で連れていき、台湾から広東省までは御用船（軍艦）を利用して女性たちを移送するように指示している。

慰安婦動員は日本軍が指示し、内務省がこの指示を日本の各都道府県に伝えて都道府県に業者を選定させて女性たちを動員したことがこの文書で確認できる。このように各都道府県が業者たちに便宜を提供して女性たちを動員するという官民での共同作戦によって、就業詐欺などが頻繁に利用される結果となったのであった。

㊙ 施行一一月八日

昭和一三年一一月四日

中国渡航婦女に関する件、伺い

本日、南支那派遣軍の古荘部隊参謀、陸軍航空部隊少佐の久門有文、および陸軍省徴募課長から「南支那派遣軍の慰安所設置のために必要なので、醜業を目的とする婦女約四〇〇人を渡航させるように配慮してほしい」という申請があった。これに関しては、今年の二月二三日に内務省発警第五号通牒の趣旨にしたがって取扱うこととし、左記の内容を各地方庁に通牒して、秘密裏に適格な引率者（抱主）を選定して、彼らに婦女子を募集させて現地に向かうようにするようにお取計いをお願いする。ちなみに、既に台湾総督府の手を通じて、同地から約三〇〇人が渡航準備を終えたそうである。

記

一　日本本土から募集し、現地に送る醜業を目的とする婦女は約四〇〇人程度とし、大阪（一〇〇人）、京都（五〇人）、兵庫（一〇〇人）、福岡（一〇〇人）、山口（五〇人）と分担して、県にてその引率者（抱主）を選定し、婦女を募集させて現地に向かわせること。

二　引率者（抱主）は、現地で慰安所を経営させる者なので、特に身元の確実な者を選定すること。

三　渡航する婦女の輸送は、日本本土から台湾の高雄までは抱主の費用で秘密裏に連行し、そこからは大体御用船に便乗させて現地に送ることにする。なお、これが困難な場合は台湾の高雄～広東の間に船の定期便を利用し、かつ引率者が同行すること。

四　本件に関する連絡は、参謀本部第一部第二課今岡少佐、吉田大尉が担当する。現地では、軍司令部峯木少佐がこれを担当する。

五　以上の他、さらにこれらの婦女を必要とする場合には、古荘部隊本部で必ず南支那派遣軍に関するものは全て統一して、引率許可証を交付するように扱うこととする。（九門参謀が軍に戻れば、直ちに各部隊にこれを下達すること。）

六　本件の渡航に関しては、内務省および地方庁は、これらの婦女の募集および出港に関して便宜を提供するのみであり、契約内容および現地での婦女たちの保護は軍が十分に注意を払うこと。

七　以上により、本年二月二三日付の当局通牒を考慮して、本件渡航婦女は左記により各地方庁で扱わせること。

（イ）引率者（抱主）、現地では責任ある経営者（抱主または管理者）を必要とするので、醜業を目的に渡航する婦女たちの引率者の身元は特に確実であるべきで、相当数の醜業女性たちを引率し、現地で慰安所を経営できる者を選定すること。

（出典：国立公文書館、文書名「支那渡航婦女ニ関スル件」）

【文書─17】南支方面渡航婦女の取扱いに関する件［内務省警保局長］（昭和一三〔一九三八〕年一一月八日）

〔解説〕この文書は、中国南部に駐屯した南支那派遣軍に女性たちを動員して送る際に守るべき事項を内務省の警保局長が、大阪・京都・兵庫・福岡・山口の各府県知事に送った文書である。

中国南部で慰安所を経営する者は身元の確かな者を各府県で選定し、軍が慰安婦動員と慰安所の設置を決定したことは秘密とし、あくまでも抱主が自発的に慰安所の経営を始めたと偽装することを促す内容が記されている。そして、こうした内容はすべて極秘で進めるべきだとこの文書は強調している。

この文書にも、中国現地軍が慰安所設置を決定し、慰安婦の動員を内務省に依頼し、内務省が各府県知事に業者を選定させ、婦女の募集は内密に行うよう指示を下した証拠が記されている。すなわちこの文書も、日本軍と日本政府が慰安婦募集を主導した証拠文書である。換言すれば、慰安婦を募集する業者の背後には、常に日本軍と日本政府がいたのである。

通牒案

警保局長

警保局警発甲第一三六号（一一月八日施行）

大阪、京都、兵庫、福岡、山口各府県知事宛

南支方面渡航婦女の取扱いに関する件

中国に渡航する婦女に関しては、今年二月二三日の内務省警発第五号通牒の内容もあって、南支方面でも醜業を目的とする特種婦女を必要とする模様だが、未だに婦女たちが渡航しておらず、現地では希望もあるのでやむを得ないと認められるのが事情である。本件を極秘として左記のように取扱うこととするので、配慮をお願いする。

記

一　抱主である引率者の選定および取扱い

（イ）　引率者（抱主）は、遊郭業者等の中で身元が確実で南支方面で軍慰安所を経営させても支障がないと認められる者を抱主である引率者として選定し、彼らに南支方面で軍慰安所の設置を許可する模様である。もしその設置経営を希望する者がいる場合には、便宜関係方面に推薦する旨を伝え、あくまでも経営者の自発的な希望に基づいて事を進め、選定すること。

（ロ）　醜業を目的として南支方面へ渡航することを認める婦女の数は約四〇〇人とする。このため、大阪

府約一〇〇人、京都府約五〇人、兵庫県約一〇〇人、福岡県約一〇〇人、そして山口県約五〇人に分担するが、これを引率するために適当な者を前項によって選定し、その引率者（抱主）だけに密かに行う婦女雇用を許可し、それらの渡航は以下の各項によって取扱うこと。ただし渡航する婦女の出身地は、指定された府県でなくてもかまわない。

（ハ）引率者（抱主）一人が引率する婦女の数は一〇人ないし三〇人程度にすること。

（ニ）前三項によって慰安所経営を希望する者がいる場合には、直ちにその引率者である経営者の住所・氏名・経歴および引率予定の婦女数を秘密裏に電話などで内務省に通報すること。

（ホ）前項の報告に基づいて軍の証明書を送付し、これによって醜業を目的に渡航する婦女を秘密裏に募集すること。

（後略）

（出典：国立公文書館、文書名「支那渡航婦女ニ関スル件」）

【文書―18】醜業婦渡支に関する経緯［内務省］

〔解説〕この文書は作成の日付のない文書であるが、他の文書との関係と上海現地軍の要請という内容があるため、一九三八年一月ごろに作成されたものと推定される。

この文書によると、内務省警務課長から兵庫県の警察部長宛に、遊郭業者に便宜を提供してほしいという電報が届けられたが、当の遊郭業者たちは周旋業の許可証を持っていなかった。しかし内務省の上官の要請を断ることのできなかった警察関係者は、彼らの慰安婦募集活動を許可してしまった。すなわち当時は、現地日本軍の要請ならば、内務省では軍部の要請する慰安婦動員にいかなる反対もできない状況だったのである。

日本政府が日本軍の圧迫を受け始めたのは、満州事変のころからである。一九三二年五月一五日、傀儡（かいらい）満州国の建国を批判した犬飼毅首相をはじめ、日本の主要人物たちが満州国から上京した関東軍将校らに拳銃で殺傷された。これが五・一五事件である。一九三六年二月二六日にも二・二六事件が起き、一時、軍部は天皇まで自分たちの影響下に置こうとした。そのような事件後、日本政府は軍部に引きずり回される身となり、日本国内には軍部に対する恐怖感が蔓延（まんえん）した。

一九三七年、天皇の日本軍直轄組織である「大本営」が発足して以来、さらに日本軍に対して日本政府が意見を述べることが難しい状況になった。それが慰安婦問題だけでなく、日本軍の残忍で非道な行為を日本政府が追認する要因となった。そのような意味で、日本政府は職務遺棄という犯罪を免れることはできない。

醜業婦中国渡航に関する経緯

一　一二月二六日、内務省警務課長から兵庫県警察部長宛に『上海徳久□□□、神戸市中野光弘という二人が上海総領事館警察署長の証明書と山下内務大臣秘書官の紹介名刺を持参して出頭する予定なので、事情を聴取した上で何分にも便宜のご提供をお願いする』という電報が届いた。

一　一二月二七日、この二人が出頭して内務大臣秘書官の名刺を提出したが、徳久は自分の名刺を提出せず、その身分を明らかにしなかった。中野は神戸市柏原町四―八の中野光弘という名刺を出したのだが、この二人は遊郭業者である。

一　二人の申立てによれば、大阪税関に勤める沖中佐と永田大尉が引率すると称して、少なくとも醜業婦五〇〇人を募集したいのだが周旋業許可証がない。この年末年始の休暇中であるが、是非とも中国渡航手続きをしていただきたいと要請した。

一　兵庫県では、一般の中国渡航者と同様の身分証明書を所轄警察署で発給することとした。

一　神戸から乗船して中国に渡航する者と、陸路で長崎まで行って渡航する者は二〇〇人程度の予定である。

一　一月八日、神戸発の臨時船丹後丸で中国に渡航した四〇～五〇人のうち、港川警察署で身分証明書を発給した者は二〇人だった。

一　周旋業の営業許可のない者は、兵庫県では黙認状態である。

（出典：『政府調査「従軍慰安婦」関係資料集成』第一巻、一〇五～一〇九頁）

【文書―19】「外務省警察史―在南京総領事館」抜粋（昭和一三〔一九三八〕年）

〔解説〕この文書は、一九三七年末ごろに軍の決定した特殊慰安所の設置を陸軍省・海軍省・外務省の三省が確認する文書で、軍の特殊慰安所と既存の慰安所との相違点を強調している。軍特殊慰安所は軍専属の慰安所なので、基本的に一般人は利用できないようにした。軍特殊慰安所は兵站部（へいたん）が取締り、憲兵隊が頻繁に巡回・監督する軍の統制下にある慰安所である。

しかし既存の慰安所は一般人も利用できるようにして、監督は領事館が行うが、軍兵站部がその一部を軍特殊慰安所として編入することとした。

すなわち日本軍は、一九三七年末に慰安所の大々的な設置計画を樹立した後に、慰安所の経営を業者たちに任せる形を取ったが、この文書は軍が慰安所の経営を業者たちに直接指示する特殊慰安所の設置を認めた文書である。さらに、それまであった民間の慰安施設も軍の兵站部が一部を軍の特殊慰安所にするとしている。

日中戦争をきっかけとして、慰安所の監督・経営・利用形態が変わり、それを日本政府の関連部署が確認し合い、新しい形の軍専属特殊慰安所の設置を日本政府が決定したのがこの文書である。

このような文書が存在するために、日本軍慰安婦問題に対して日本政府に法的な責任がないなどとは言えないのである。

「外務省警察史―在南京総領事館」抜粋

昭和一三年四月一六日、南京総領事館に陸軍省・海軍省・外務省の三省関係者が会同して、在留日本人の各種営業許可および取締りに関する協議会を開催し、各項について左記のように決定した。(『南京警察署沿革誌』による)

記

一　期日：昭和一三年四月一六日　午前一〇時開始、同日午後五時終了。

二　出席者

陸軍側　兵站司令官　千田大佐、第三師団参謀　栗栖中佐、第三師団軍医部　高原軍医中佐、南京特務機関　大西少佐、南京憲兵隊　小山中佐、東京憲兵隊　堀川大尉・北原中尉

海軍側　海軍武官　中原大佐、嵯峨艦長　上野中佐

領事館側　花輪総領事、田中領事、清水警察署長、佐々木警部補

三　議決事項

(中略)

(六) 軍以外でも利用可能な酒保および慰安所の問題

陸海軍に専属する酒保および慰安所は、陸海軍が直接経営・監督するものであるため、領事館は関与すべきではないが、一般人が利用できるいわゆる酒保および慰安所については例外とする。その場合、業者に対する一般の取締りは領事館がその任務に当たり、そこに出入りする軍人・軍属に対する取締りは憲兵隊で処理することとする。なお憲兵隊は必要な場合、随時臨時検問、その他の取締りを行わなければならない。

要するに軍憲兵隊と領事館は協力して、軍および居留民の保健衛生と業者の健全な発展を期さねばならない。

将来、兵站部の指導に従って設置される軍専属の特殊慰安所は憲兵隊の取締る場所であり、既設の慰安所に対しては、兵站部が一般居留民の利便性も考慮し、その一部を特殊慰安所に編入・整理すべきである。以上は今後、各機関が協議して決めることとする。

軍専属の酒保および特殊慰安所を、陸軍・海軍がともに許可する場合は、領事館の事務処理に便利になるよう、当該軍の憲兵隊が随時その業態営業者の本籍・住所・氏名・年齢・出生、死亡その他の身分上の異動を領事館に通報することとする。

（以下、省略）

（出典：『政府調査「従軍慰安婦」関係資料集成』第一巻、四七九～四八二頁）

第三節　日本と朝鮮の刑法と韓国併合条約から見た「慰安婦」問題

1　日本と朝鮮の刑法

明治四〇（一九〇七）年四月二三日に日本の帝国議会は、「法律第四五号」を制定して日本の刑法を改正した。「法律第四五号」は全四〇章で構成され、そのうちの第三三章が「略取および誘拐の罪」である。人を暴行・脅迫するなどして連行する「略取」、そして甘言やだましの手口を用いる「誘拐」に関して、この「法律第四五条・第三三章」では刑法第二二四条から第二二九条までが規定され、罰則を与えることを明文化している。

日本軍と内務省などが極秘に選定した業者たちの慰安婦動員方法、すなわち前払金を与えて自由を拘束し、人を海外に連行することは、当時でもこの改正刑法「法律第四五号」の第二二六条に明記されている「帝国外に移送する目的で人を略取または誘拐」する犯罪に該当した。

また当時、日本の刑法が適用された朝鮮においても、刑法が日本の本土と同様に適用されるように一九一二年に「朝鮮刑事令」が定められていた。

【文書—20】法律第四五号・改正刑法（明治四〇〔一九〇七〕年四月二三日）

法律第四五条・改正刑法　　明治四〇年四月二三日

（前略）

第三三章　略取および誘拐の罪

第二二四条　未成年者を略取または誘拐した者は、三月以上五年以下の懲役に処する。

第二二五条　営利、猥褻（わいせつ）または結婚の目的で人を略取または誘拐した者は、一年以上一〇年以下の懲役に処する。

第二二六条　帝国外に移送する目的で人を略取または誘拐した者は、二年以上の有期懲役に処する。帝国外に移送する目的で人を売買した者も同様である。

第二二七条　前三条の罪を犯した者を幇助（ほうじょ）する目的で、被誘拐者または被売者を収受もしくは隠し、または隠避させた者は、三月以上五年以下の懲役に処する。

営利または猥褻（わいせつ）の目的で被誘拐者または被売買者を収受した者は、六月以上七年以下の懲役に処する。

第二二八条　本章の未遂罪も処罰する。

（後略）

（出典：国立公文書館、文書名「御署名原本・明治四十年・法律第四十五号・刑法改正[27]」）

第三十三章　略取及ヒ誘拐ノ罪

第二百二十四條　未成年者ヲ略取又ハ誘拐シタル者ハ三月以上五年以下ノ懲役ニ處ス

第二百二十五條　營利猥褻又ハ結婚ノ目的ヲ以テ人ヲ略取又ハ誘拐シタル者ハ一年以上十年以下ノ懲役ニ處ス

第二百二十六條　帝國外ニ移送スル目的ヲ以テ人ヲ略取又ハ誘拐シタル者ハ二年以上ノ有期懲役ニ處ス

帝國外ニ移送スル目的ヲ以テ人ヲ賣買シ又ハ被拐取者若クハ被賣者ヲ帝國外ニ移送シタル者亦同シ

第二百二十七條　前三條ノ罪ヲ犯シタル者ヲ幇助スル目的ヲ以テ被拐取者又ハ被賣者ヲ收受若クハ藏匿シ又ハ

［法律第四五号　第三三章　原本[28]］

【文書―21】朝鮮刑事令を定める（明治四五〔一九一二〕年三月一八日）

朝鮮刑事令

第一条　刑事に関する事項は、本令その他法令に特別な規定がある場合を除き、次の法律による。

一　刑法

二　刑法施行法

三　爆発物取締りの罰則

四　明治二二年（一八八九）法律第三四号

五　通貨および証券模造取締り法

（中略）

韓国併合後の今日において、刑罰法規に二種類の系統を存置することは不条理で不公平な結果を招くことを免れない。したがって朝鮮総督府裁判所令の改正をきっかけに、刑事法規を統一整理して内外人および朝鮮人の区別なく共通の実体法および手続き法を規定し、大体において内地の刑罰法規によるが、例外として現に朝鮮で実施されている刑事訴訟手続きに関する特別規定を襲用することとなった。これが本令の制定を必要とする所以である。

（出典：国立公文書館、文書名「朝鮮刑事令ヲ定ム[29]」）

韓国併合（一九一〇年）以後の植民地時代でも、刑法は日本と朝鮮で特別な場合を除き、違いはなかった。このため日本の内務省は女性を海外に移送するとしても、略取や誘拐罪とならないように満二一歳以上の女性でなければならず、本来売春業を営んでいた女性、そして両親や戸主の承認を受けた女性ならば海外に移送できると内部方針を固めた。それでも内務省が「現地軍の事情を考慮して当分は目をつぶる」としたのは、女性に対する募集手口が略取や誘拐に当たる疑いがあると知っていたからである。そして海外移送を承認する親や戸主のいない場合にも、そのような事情を記載さえすればよいとして、文書偽造の道を開いた。

日本軍や内務省・警察・外務省・陸軍省などは略取や誘拐によって、人を日本以外の地に移送する犯罪を定めた刑法第二二六条に背を向けて、彼らが極秘に選定した業者たちを通じて、日本・朝鮮・台湾などの女性たちに甘言を用いて接近し、前払金を支払うことで彼女たちの自由を拘束して現地の慰安所に到着した後は、本人たちの意思に反して強制的に慰安婦にしてしまったため、日本軍や日本政府は法的責任を免れることはできない。

慰安婦問題とは、植民地時代の刑法にも著しく違反した犯罪なのである。

2 日本の加盟した国際条約でも「慰安婦」動員は違法だった

日本政府は一九一〇年五月、フランスのパリでドイツなど一二ヶ国間で締結された「醜業を行わせるための婦女売買禁止に関する国際条約」に一九二五年一二月に加盟した。日本政府は当初、満一八歳未満の婦女に醜業をさせることを禁止するというように年齢に関して留保条件を設定したが、一九二七年にこの留保条件を撤廃した。したがって、国際条約に規定された満二一歳未満の未成年には、本人が同意しても売春をさせてはならないという国際条約を日本政府は受け入れた立場であった。[30]

しかし日本政府と日本軍は、このように加盟した国際条約を無視し、満二一歳未満の女性にも本人の意思に反して売春を強要したため、日本の刑法だけでなく国際条約違反の犯罪を免れることはできない。

そして年齢を問わず、醜業をさせることを目的に詐欺・暴行・脅迫・権力濫用などの手段で人身売買を行う行為は、当然処罰の対象だった。日本軍や日本政府は年齢や国籍を問わず慰安婦にしようとする女性に、業者に依頼して就職詐欺や強制連行を行い、国内法と国際条約に著しく違反したことは明らかである。

次は日本が加入した「醜業を行わせるための婦女売買禁止に関する国際条約」の主要条項である。

【文書―22】醜業を行わせるための婦女売買禁止に関する国際条約（大正一四〔一九二五〕年）

条約第一八号　醜業を行わせるための婦女売買禁止に関する国際条約

（前略）

第一条

何人たるを問わず、他人の情欲を満足させるために、醜業を目的として未成年者の婦女を勧誘し、誘引した者または誘拐した者は、本人の承諾を受けたとしても、またこの犯罪の構成要素である各行為が外国に渡って遂行されたときも処罰されねばならない。

第二条

何人たるを問わず、他人の情欲を満足させるために、醜業を目的として詐欺によってまたは暴行・脅迫・権力濫用、その他一切の強制手段で成人の女性を勧誘し、誘引した者または誘拐した者は、この犯罪の構成要素である各行為が外国に渡って遂行されたときも処罰されねばならない。

第三条

条約国は、現在の法制が前の二条に定めた犯罪を防止するのに充分でないときは、右の犯罪をその軽重にしたがって処罰するために必要な措置を取り、またはその措置を各自の立法機関に提案すべきであることを約する。

（後略）

（出典：国立公文書館、文書名「御署名原本・大正一四年・条約第一八号・醜業ヲ行ハシムル為ノ婦女売買禁止ニ関スル国際条約[31]」）

3　「内務省通牒」の目的は取締りではなく、「慰安婦」動員許可と便宜提供である

第二章における結論として言えることは、「内務省通牒」の目的は業者の取締りではなく、軍に対する慰安婦動員許可と業者に対する便宜提供である。「内務省通牒」では、醜業を目的として中国に渡航する女性は、居住地の所轄警察署に出向いて警察署長から中国渡航身分証明書の発給を受けなければならない。ここで用いられている論法は、女性たちは結局、醜業を行うということを納得して中国に渡航したという詭弁である。しかし略取誘拐とは、人をそれまでの生活環境から不法に離脱させ、自己または第三者の支配内に置くことで、略取は暴行や脅迫によって連れ去ることをいい、誘拐はだましたり誘惑したりして連れ出すことをいう。

軍の証明書を持った業者に日本政府が便宜を提供したということは、業者の行為が略取誘拐に該当するとしてもそれを大目に見て、さらには略取誘拐を幇助したということである。朝鮮や台湾では、書類を形式上作成することによって、日本国内よりもより簡単に女性たちの略取誘拐が可能であった。

さらに「内務省通牒」の内容をなし崩しにする現実があり、法的にもなし崩し作業が始まる。それを次章で見ていく。

第三章　なし崩しにされた「内務省通牒」

第一節　渡航のための身分証明書発行の名目と実際

1　実情に合った措置を講じた内務省

慰安婦を中国に送る際には、一九三八年二月二三日に出された内務省通牒によって、「醜業を目的とする婦女は、日本で醜業を営み、満二一歳以上であること」、「本人が警察署に出頭して身分証明書の発給を申請し、許可を得ること」などが骨子として決められた。ところがこれらの規定はほとんど守られたとは言い難い。すなわち建前と実際はかなり違っていたのが実情である。

「内務省通牒」の前文には、「婦女の渡航は現地の実情を考える際は、確かに仕方なく必要な面がある。警察当局でも特に考慮して、実情に合った措置を講じる必要がある」と指摘されており、慰安婦動員は「必要である」ので「実情に合った措置を講じる」と断っていて、これが「内務省通牒」の本質なのである。

結局、多くの慰安婦が現地で必要であったため、「内務省通牒」の「取締り」に関する部分は、軍部と警察によってほとんど無力化されたのが実情であった。それを証明する文書を示していくことにする。

2　関連文書で見る法の網の目をくぐった「慰安婦」動員

前述した通り、日本軍は一九三七年一二月一三日、中華民国国民政府の首都南京を占領した。その後は戦線を拡大し、武昌・漢口・広州などの中国の主要都市を占領した。さらに日本軍は、主要都市を結ぶ鉄道も支配下に置いた。これに対して中国軍は首都を重慶に移して抗戦し、ゲリラ戦を繰り広げたため、日本軍は苦戦を強いられ、日中戦争は長期戦に突入した。

日本軍が占領して多くの慰安所を設置した漢口は、中国湖北省東部に位置する大都市である。武昌・漢陽とともに武漢市を形成し、いわゆる武漢三鎮の中の一つである。漢口は揚子江の支流である漢水と揚子江の交差点に位置するため、昔から交通の要地とされてきた。漢口は一六世紀に鎮としての都市の基礎が作られると急速に発展し、明朝末期と清の初期には中国の四大鎮の一つに数えられるようになった。

一九三八年六月、日本軍は中国の武漢と広東への攻略を決定した。こうした日本軍の侵略と戦争拡大という状況のため、戦火の中国都市では、まだ従来の商取引がほとんど不可能な状態だった。

ところが、一九三七年一二月から始まった慰安婦の動員により、一九三八年一二月に、例えば九江の在留邦人五五七人のうち約四〇％（約二二〇人）が特種婦女、すなわち慰安婦であると記録されている。一般法人の復帰がかなわない状況でも、軍に必要な慰安婦は次々と危険地域に投入されたのである。さらに重要なのは、慰安婦たちは軍の命令に従って移動すると記録されていることである。

すなわち戦争で危険な地域だとしても、現地の日本軍は慰安婦たちを連れて戦線を移動したという事実を証明している。これは軍慰安所が民間人である女性たちの命を軽視したことを物語っている。

【文書―23】「外務省警察史　在九江領事館」抜粋（昭和一三〔一九三八〕年）

「外務省警察史　在九江領事館」抜粋（昭和一三年）

開館当時の状況は左記の通りである。

一　邦人関係

一二月一日、九江在留邦人は五五七人という多きに達したが、大半は軍を対象とする飲食店・酒保・写真業・特種慰安所関係者で、皆一時的な在留者であり、その中でも全人口の四〇%を占めるいわゆる特種婦女のような場合は、軍の命令にしたがって移動している状態であるため、九江の復興ないし繁栄などを樹立するのは当分の間困難である。

また旧居留民は南潯鉄道の関係者二人を除いてほぼ復帰したが、大体単身赴任者であるため、現在当地は蘆山および南昌作戦上、中国人以外の復帰はまだ許可していないので、事変の前のような商取引が全く不可能である。したがってやむを得ず軍人相手のいわゆる「缶詰品の販売」が続いている状況なので、なるべく早く中国人と取引を開始する時期が到来するのを待っている。

軍はこれら旧居留民に非常に同情し、家屋なども従来の最も繁栄した大中路に面した中国人店舗を好意的に割り当てたりして便宜を図っている。

また、進出した邦人に対しても、同区域一帯を日本人居住区域にして家屋割当を進めている。中国人が復帰すれば、これらの世帯が家賃などに関して近く結成される自治委員会方面と協定する必要がある。現在、特務機関と協議中であり、当領事館でも在留邦人の統制のためにも、速やかに日本人会を復活させる必要がある。このため、現在、民会長および民会役員などを物色している。しかし外国人の復帰を承認しない関係上、対外的に相当微妙な関係もあり、日本人会の復活については慎重を期している。

(出典：『政府調査「従軍慰安婦」関係資料集成』第一巻、四七七~四七八頁)

【文書—24】漢口陸軍天野部隊慰安所婦女子の中国渡航の件【外務大臣】(昭和一四〔一九三九〕年一二月二三日)

〔解説〕この二つの文書は、漢口に駐留した日本軍天野部隊が、軍慰安所の開設のために婦女五〇人の渡航許可を香川県に依頼した事件の記録である。香川県から連絡を受けた外務大臣が、漢口総領事にこれを知っているのかどうかを問い合わせている。業者が婦女五〇人を募集し、中国渡航に必要な婦女引率許可を現地軍が香川県に申請し、内務省はこれを「内諾」した。しかし内務省は「内諾」としたため、外務省が現地の総領事に問題がないか確認したのである。

「内務省通牒」によれば、慰安婦を中国に渡航させるためには内務省傘下の居住地の所轄警察署に慰安婦になろうとする女性が自ら出頭し、渡航のための身分証明書発給を受けねばならない。しかし、この文書を見ると、現地軍が女性たちの渡航を無条件に許可してほしい旨を香川県に申請したのである。

正式な手続きを踏んでいるのなら、「内諾を与えた」とか「やむを得ない事情」、「追認」などという言葉が出るはずがない。慰安婦動員に違法の手口が動員されたということを日本政府が自ら認める文書である。女性たちの人数も五〇人という決して少なくない数字だったので、外務大臣が現地総領事に問い合わせをしたものと思われる。

ところで文書では、外務大臣の連絡を受けた漢口総領事が漢口現地軍司令部に連絡したところ、軍でも正式な手続きを踏んでいないことを認めた。正式な手続きとは、前述の通りに婦女たちが自ら居住地の所轄警察署に出頭して渡航のための身分証明書を受けることを言う。そういう正式な手続きを踏まずに、現地の部隊が婦女の渡航を無条件に許可してほしいと香川県に申請したのである。外務省では、すでに部隊で慰安所設置の準備を進めたのだからこれを追認する、という回答を総領事宛に送っている。そして、軍からは総領事館にも事前にいかなる連絡もなかったと総領事館が確認している。また現地軍も、実際に婦女渡航許可を申請した傘下の部隊について、その動きを把握していなかった。

この文書は、慰安婦の必要な現地軍の一部隊が直接日本の都道府県に婦女渡航許可を申請し、内務省がそれに対して内諾を与えたという常識では考えられない無法状態を示している。現地軍の一部隊の慰安婦動員の指示が、結局は追認されるという軍主導の本末転倒した体制が当時の日本の状態であった。

日本政府と軍司令部、つまり大本営は現地軍と各部隊に対する統制が全くできていなかった。軍に対する統制という責任を遺棄した日本政府と軍司令部の責任は重いと言わざるを得ない。

昭和一四年一二月二二日
主管　アメリカ局長。主任　第三課長。昭和一四年一二月二二日起草
伝送第三四八九〇号。　昭和一四年一二月二三日　午後七時一分発
受信：在漢口花輪総領事
発信：野村外務大臣

漢口陸軍天野部隊慰安所婦女子の中国渡航の件

第三二三号

在漢口香川県天野部隊で軍慰安所開設のために婦女五〇人を募集してきたので、右の婦女引率許可を香川県に願い出た者がいる。同県関係の軍隊側からもこれについての斡旋を申し込んできたので、やむを得ない事情と認め、内諾を与えたと内務省が通報してきた。

右は貴殿総領事館と了解済なのか知りたい。一行は年内に出発する計画のようなので貴殿の意見を折り返し返信してほしい。

（出典：『政府調査「従軍慰安婦」関係資料集成』第一巻、一三一〜一三二頁）

【文書―25】漢口陸軍天野部隊慰安所婦女の中国渡航の件―回答［在漢口総領事］（昭和一四〔一九三九〕年一二月二七日）

花輪総領事

野村外務大臣

第七三四号

貴殿の電報第三二三号に関して（漢口陸軍天野部隊慰安所婦女子の中国渡航の件）、現地軍司令部に連絡した結果、慰安婦の本土からの招致は許可制を取り入れており、今回の天野部隊の慰安婦招致に関しては、［部隊は］軍に対して正式な手続きを踏まなかった。しかし既に同部隊では招致の手筈を整えたことを考慮してこれを追認するので、以上ご了承を願う。

なお本件に関しては、事前に当総領事館にいかなる連絡もなく、軍の意向では招致する慰安婦の稼業に関しては本総領事館の監督下で営業させてほしいとの要請があった。したがって漢口に来たら、本総領事館に出頭するよう引率者に伝えてほしい。

（出典：『政府調査「従軍慰安婦」関係資料集成』第一巻、一三三頁）

【文書―26】邦人中国渡航の一時的制限に関する外務省発表［外務省］（昭和一五〔一九四〇〕年五月七日）

〔解説〕この文書は一九四〇年五月に作成された外務省文書である。中国戦線が激化したため、日本政府は邦人の中国渡航をさらに制限し始めた。しかし軍人の慰問を目的とする中国渡航の場合は、陸・海軍省の承認を受ければ許可するとした。軍人を慰問しに行って慰安婦にされたという証言があるため、名目は慰問だが現地到着と同時に慰安婦にされるという危険があるのが「軍人慰問」であった。戦争の激化によって、一般人が日本（植民地を含む）から中国への渡航が困難になると、日本政府はまず陸・海軍省の承認によって慰問目的の女性たちを現地に送れるようにしたのである。

「内務省通牒」では、もともと醜業を目的とする婦女の海外渡航には居住地の警察署長の証明書が必要であったが、この文書では、軍人の慰問という形を設定し、その場合には現地軍でまず該当する者たちに軍の証明書を発給し、それを居住地の警察署長に提出すれば警察署長の身分証明書が発給されるという形を取った。さらに「家事用務」という項目を設けて、軍人たちの身の回りの世話をする婦女の渡航を可能にし、その場合は中国の関係先の領事館警察署の証明書を提出すれば、居住地の警察署長が渡航のための身分証明書を発給するようにした。

そのため業者たちは女性たちを中国に渡航させる理由として、慰問、軍の必要とする家事用務に該当する内容、例えば軍人の世話係、陸海軍病院の手伝い、高級将校のメイドなどという理由を作り上げた。そうすれば軍が雇用証明書の類いを出しやすいからである。そうして業者たちは、女性たちに金儲けができて衣食住が解決できるいい仕事として紹介して誘い、様々な言葉でだまして現地へ連れて行き、そのまま慰安婦にするという手口を使うようになった。ここではそのようなシステムの根拠と違法の実態を知らせる文書と、だまされて連行された女性の実例を紹介する。

邦人中国渡航の一時的制限に関する外務省発表 （昭和一五〔一九四〇〕年五月七日）

従来、中国に渡航する者は、その素行や経歴などに照らして不適合な点のない者に限って、居住地所轄の警察署長から身分証明書の発給を受けられることとなっていたが、現在新中国建設の大業に邁進（まいしん）している現地としては、これに必要な邦人の進出は要望するところである。しかし、以上に関係の薄い不要不急でない旅行者のような場合は、今回、極力中国渡航を控えることを希望している状況である。

これに照らして当分は新中国建設に、直接そして積極的に協力できる者以外の一般視察旅行者の中国渡航は禁止することとする。またその他の理由のある者であっても、緊急でやむを得ない者以外はできるだけ渡航を制限し、現地の事情に適応するように措置することに今日の閣議で決定され、五月二〇日から実施されることとなった。

右の閣議決定の趣旨に基づいて、今後、警察署長の中国渡航身分証明書の発給を受けることができる者は概ね次の通りである。

（一）　慰問を目的とする場合は、あらかじめ陸海軍省の承認を受けた者。

（二）　家事用務、現実の商取引、定住または現地商社勤務を目的とする場合には、在中国関係先の所轄領事館警察署の証印がある文書を持つ者に限定することとなった。もちろん家事用務のために、緊急でやむを得ない事情のある者は特別に居住地所轄の警察署長に事情を述べ、特別な取扱いを依頼できるようにした。

今や中国では新しい国民政府が樹立され、東亜新秩序の建設で一段階を越えた情勢にある。この南京国民政府[32]を積極的に支援する我が国として事変処理を促進させるためには、今回の措置は時宜に適したものであり、官庁関連の公用旅行者もそうした心構えであることはもちろん、現地の状況が許すまで当分の間この措置を徹底的に行うに当たり、国民一般の協力を期待する。

（出典：『政府調査「従軍慰安婦」関係資料集成』第一巻、一三五～一三六頁）

【文書―27】中国渡航の邦人暫定処理取扱い方針のうち領事館警察署の証明書発給範囲に関する件【警務部第三課】（昭和一五〔一九四〇〕年）

〔解説〕一九四〇年六月以降、日中戦争は一層激しくなった。その年の八月以降、約二〇万の中国共産党八路軍が、山西省から河北省にかけての鉄道・通信網などの日本軍の拠点を一斉攻撃し、大攻勢をかけ始めた。日本軍は虚を突かれたが、その後に報復攻撃に乗り出し、八路軍の抗日根拠地掃討作戦を展開した。この掃討作戦で日本軍によって毒ガスが使われたとされ、八路軍の抗日根拠地の中には人口の激減した地区が発生した。

一九四〇年九月二三日、日本軍は北部インドシナに進駐し、ハノイに駐屯した。これを受けて同年九月二五日、米国が中国国民政府に二五〇〇万ドルの借款を供与し、中国への支援を強化し始めた。日本はこれに対抗する目的で、九月二七日にドイツ・イタリアと三国同盟条約を締結し、英米との対決姿勢を明確にした。

九月三〇日、米国政府も対日強硬姿勢をとり、鉄鋼などの対日輸出を全面禁止する法令を公布した。これに日本政府は抗議したが、米国務長官のコーデル・ハルは、「米国の国防上の判断」とし、日本の抗議を一蹴した。

このような状況で、在中国日本領事館は、日本人が中国に渡航することを基本的に制限した。したがって現地の特殊婦女（芸妓、酌婦、女給、軍慰安所雇用員その他）、すなわち慰安婦の募集も欠員を補う場合に限って許容するという内容の外務省領事館の文書が発表された。戦争の激化に伴って日本人の中国渡航が制限されている中で、やむを得ずに慰安婦の増員を軍部にしばらく留まらせた外務省は、現状維持政策で慰安婦の欠員補足だけは継続して実施することを許可したのである。

またこの文書に、「本件の制限の適用を免れる目的で軍雇用員の名前を利用した疑いのある場合には、これを摘発すること」とあるように、実際には女性たちをだまして連れて行く場合に、「軍雇用員」として就職させるという口実が相当に利用されていた。軍人の世話係、陸海軍病院の手伝いや准看護婦、高級将校のメイド、軍食堂の女給などという様々な口実で女性たちをだまし、軍が雇用証明書を出して渡航させ、現地で強制的に慰安婦にさせられた事例が数多く存在する。

警務部第三課

昭和一五年五月八日付の米三機密合第五一一号大臣訓達（第一九四〇）に規定された中国渡航事由証明書の発給に臨む際は、同日付の米三機密合第二一一九号次官通牒「日本本土その他の各官庁宛公文別紙甲号の取扱い方針、および同乙号の許可要領」に基づいて処理しなければならない。しかし実際に取扱う際には、様々な疑問が生じるだけでなく、発給官の裁量如何によっては状況に応じた融通性があることから、各公館の取扱いが統一されないおそれがある。したがって左記のように範囲を限定することとする。

記

一　取扱い方針（以下、方針と称す）第二号の家事用務は許可要領（以下、要領と称す）に定められた範囲であるため、近親者であることを示す書類（例えば、戸籍謄本または往来書信など）を徴収して、真に中国渡航が必要な事由があると認められる場合に限り、証明すること。

（中略）

実際に当該商社に勤務する者であることが確実であると認められる場合に限り証明すること。必要に応じて雇用主の請願書を徴収すること。

三　永住を目的とする家族を呼ぶ場合、戸籍謄本または内縁関係を証明できる書類を提出させ、内縁関係は調査した後で証明すること。

備　考

一　軍属または軍雇用員は軍が証明書を発給するので、領事としては関与するものではないが、本件の制限の適用を免れる目的で軍雇用員の名前を利用した疑いのある場合には、これを摘発すること。

二　特殊婦女（芸妓、酌婦、女給、軍慰安所雇用員その他）は、原則として証明書を発給しないようにすること。ただし、五月二〇日の雇用者を基準として、その後に生じた欠員補充のために呼び寄せる必要がある場合に限り、廃業者または退去者を申告させ、廃業届、退去届と対照した上で特に証明することができる。

（以下略）

（出典：『政府調査「従軍慰安婦」関係資料集成』第一巻、一三七～一三八頁）

【文書―28】「中国渡航邦人暫定処理の件」打合せ事項［発信者、受信者不明］（昭和一五〔一九四〇〕年）

〔解説〕この文書は、発信者と受信者が明確ではないが、外務省の保管する資料であり、他の文書との関係で一九四〇年当時の中国渡航者に対する許可に関して日本政府がどのような方針を取っていたのかがよく分かる文書である。簡単に言えば、軍が「内務省通牒」に違反してきたことを指摘する文書であり、婦女を中国に送るためにあらゆる違法が行われたことを外務省が自らが認める文書である。

この文書はまず、領事館のない地域の軍が慰安婦を呼び寄せる場合は、軍の証明書を最寄りの領事館に提出して、中国渡航事由証明書や身分証明書を受ければいいという回答が記されている。

さらに重要な内容は、現地領事館が発給した中国渡航事由証明書や身分証明書を所持する者は、日本国内での居住地警察署が身元調査を行わない傾向があったと記述した部分である。本来は、渡航希望者の居住地所轄警察署が、渡航希望者に対する身元調査をしなければならないのが「内務省通牒」の原則であったが、その原則が実際は守られていなかったことをこの文書が裏付けている。さらにこの文書は、居住地警察署が身元調査を従来通り実施するよう促しているが、その後も原則が守られたかは全く確認されていない。

またこの文書は、現地軍が慰安婦に対する証明書を発給し、それによって中国に渡航させる傾向があったと記している。元々は現地外務省領事館発給の証明書が必要だと主張しながらも、結局、現地軍の証明書で日本本土や朝鮮、台湾から中国に渡航しようとする女性に、渡航許可証がほとんど身元調査なしに付与されたものと判断される。

さらに朝鮮から朝鮮女性たちが中国に向かうとき、渡航者の乗船や国境通過の際の証明書の検査が行われていないことをこの文書は指摘している。そして甚だしくは日本（朝鮮や台湾を含む）の警察署や在中国領事館の発給した身分証明書の写真を貼り替えたり、写真自体のない証明書で中国に渡航する場合があるとして注意を促している。いわゆる慰安婦候補たちの中国行にはあらゆる違法や不法がまかり通っており、結局は慰安婦が必要な軍の思い通りに慰安婦を供給する違法ルートが出来上がっていたのである。

内務省関係

（中略）

五　問　領事館のない地域の軍が特殊慰安婦女性を呼び寄せようとする場合、どうすればいいのか。

答　当該軍の証明書により、最寄りの領事館の証明書（中国渡航事由証明書、または身分証明書）を受けるものとする。

六　問　中国渡航事由証明書を所持する者は、本邦警察署であらためて身元調査を実施する必要なしに身分証明書を発給してきた傾向があるが、中国渡航者に対する身元調査は従来通り実施されるように取計えるか。

（中略）

陸軍省関係

（中略）

三　現地憲兵隊が軍属や軍雇用人ではない者（主に特殊婦女）に対して証明書を発給し、これによって中国に渡航させてきた傾向があるが、これは所定通り領事館発給の証明書によるように取り計らってほしい。

拓務省関係

一　朝鮮において中国行き渡航者の乗船や国境通過の際の証明書の検査を励行してほしい。

二　本邦警察署または在中国領事館の発給した身分証明書の写真を貼替えて、他人がこれを利用して中国に渡航する場合があるので、注意してほしい。

三　本邦警察署の発給した身分証明書で、写真の貼付けのないものがあるので注意してほしい。

（出典：『政府調査「従軍慰安婦」関係資料集成』第一巻、一三九～一四二頁）

【文書—29】中国渡航邦人暫定処理に関する件（昭和一五〔一九四〇〕年五月七日閣議決定）

〔解説〕一九四〇年五月七日には、前述したように、「邦人中国渡航の一時的制限に関する外務省発表」（文書—26）がなされ、一九三八年二月に出された「内務省通牒」の内容を大幅に緩和して、事実上、慰安婦候補の婦女たちの中国渡航がより容易になった。ところで、同じ日の五月七日に閣議決定された「中国渡航邦人暫定処理に関する件」という文書があるが、この文書によってさらに詳しい婦女渡航方法について知ることができる。

この文書では、すでに中国で接客業を営んでいる者（抱主）が、さらなる婦女雇用のために本土や朝鮮、台湾などに一時帰国した場合について述べている。その場合には抱主は、中国の日本領事館警察署の発給した証明書に雇用人数が明記されているならば、その人数に相当する婦女を中国に連れて行けることになっていた。

例えば、業者（抱主）は「女給」二〇人を募集してくるという名目でまず中国現地の日本領事館に申し入れて許可をもらう。「女給」として動員された女性たちは現地に行けば慰安婦にされるのであるから、現地領事館の証明書は形式に過ぎない。つまり、婦女たちに対する就職詐欺は、中国現地の日本領事館で作成された証明書の段階で始まっているのである。その証明によって女性たちの居住地所轄警察署では、女性たちに渡航のための身分証明書を与える。女性たちも中国での仕事は「女給」であることを信じているので、この段階は問題なく通過される。しかし、現地に到着した後は、慰安婦にされるのである。

さらに未成年者の婦女を中国に連れて行く場合は、抱主が問題のない人物であるという証明書があれば、未成年者に対する警察署長の身分証明書が問題なく発給された。「内務省通牒」では、醜業を行う女性が中国に渡航する場合は、満二一歳以上でなければならないとしたが、この閣議決定では未成年者でも証明書があれば中国に渡航できるようにした。そのため、あくまでも建前は、未成年の婦女たちは醜業をするのではなく、軍での雑用であるとか女給であるとか軍の病院での准看護婦であるとかいうまことしやかな口実が作られていたのである。すなわち初めから抱主にだまされるのだが、書類上は問題のない内容になっていたし、前払金をもらうのでそれをすぐに返済できない場合は、いやおうなしに慰安婦にされてしまったのである。。

また未成年者を雇用する抱主の身分を証明するのは、都道府県の知事か職業紹介所の所長となっていた。知事と職業紹介所の所長ではその格差はあまりにも大きいが、そのように規定された。結局、問題の起こる可能性のある知事の証明などは受ける必要がなく、楽に受けられる職業紹介所の所長の証明があればよかったのである。つまり、慰安婦の動員は、いくらでも違法行為が可能なシステムの下で女性たちを徹底的にだまして連行する略取誘拐であった。

（中略）

一　取扱い要領

（ア）日本本土および外地[33]から視察を目的とする者を除いて特に中国渡航を必要とする一般邦人（朝鮮人、台湾人を含む）に対しては、左記に該当する場合に限って、居住地の所轄警察署長が第一号様式の中国渡航身分証明書を発給する。満州国の在留者が一時本邦に帰国して、中国経由で満州に帰ろうとする時も同じである。

（イ）慰問のために中国に渡航しようとする者とは、陸軍関係は連隊区司令部または師団司令部（経理部）を経由して陸軍省恤兵部（じゅっぺい）[34]、海軍関係は鎮守府、要港部または地方海軍人事部を経由して海軍省軍務局第四課に各々出願して承認を受け、第二号様式の証明書を下付された者が渡航できる。

（中略）

（ヲ）本邦で婦女（芸妓、酌婦、女給など）を雇用するために一時帰国した在中国接客営業者の場合、所持している中国の日本領事館警察署の発給した証明書に雇用人数の明記があるなら、その人数に相当する被雇用婦女が渡航できる。

二　青少年雇用制限令の適用を受ける者で、雇用されて中国に渡航しようとする者に中国渡航身分証明書を発給する場合には、前項の証明書の外に、その雇用者に与えられた第八号様式の地方長官または職業紹介所長発給の証明書を必要とする。

（出典：外交資料館、文書名「支那渡航邦人暫定処理ニ関スル件」）

［第一号様式　居住地所轄警察署長発給の身分証明書］

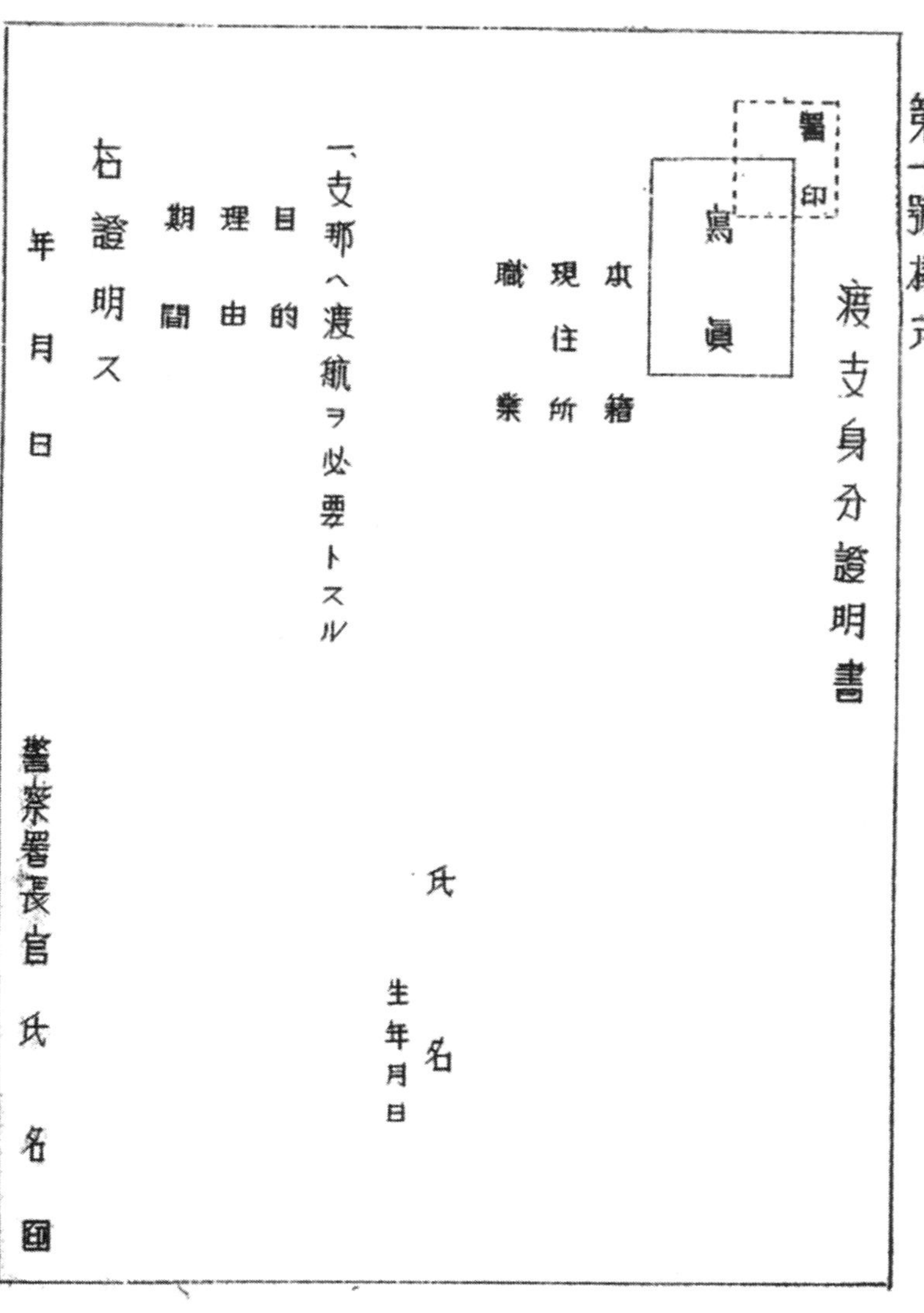
第一號様式

渡支身分證明書

署印

寫眞

本籍

現住所

職業

氏名

生年月日

一、支那ヘ渡航ヲ必要トスル

目的

理由

期間

右證明ス

年　月　日

警察署長官氏名　印

［第二号様式　陸海軍発給の慰問目的渡航証明書］

第二號様式

渡恤證第　　號（又ハ〇〇第　　號）

證明書

住所

職業　　　氏　　　名

右者　目的ヲ以テ昭和　年　月　日出発向フ　日

間ノ予定ニテ　ニ旅行スルモノナルコトヲ證明ス

陸軍省恤兵部 印

又ハ　海軍省副官 印

［第三号様式　在中国・日本領事館警察署長発給の中国渡航事由証明書］

第三號様式

渡支事由證明願

一、渡支セントスル本人

本籍

現住所

職業

氏名

生年月日

一、保證人

本籍

現住所

職業

氏名

生年月日

一、渡支ヲ必要トスル事由

右之通相違無之事ヲ御證明被下度及御願候也

右（本人又ハ保證人）氏　名　印

在　領事館警察（分）署長　殿

右證明ス

年　月　日

在　領事館警察（分）署長　氏　名　印

[第八号様式　青少年雇用証明書]

第八號様式

指（定）第　　號

住所

氏名

生年月日

右ハ青少年雇入制限令ノ認可ヲ經タル左記ノ者ニ雇傭セラルル者タルコトヲ證明ス

記

一、雇傭主ノ氏名

一、使用ノ場所ノ名稱及所在地

年　月　日

道府縣知事　印

又ハ職業紹介所長　印

第二節　日本軍は「慰安婦」動員において常に法を犯していた

今まで見てきたように、日本政府と日本軍は戦地に女性たちを送り込むために渡航手続きの便宜を図った。しかしそれでも日本軍はその渡航手続きを守らずに、違法な方法で女性たちを中国や東南アジアに送ったという証拠文書がいくつも見つかっている。

【文書―30】慰安所従事者に対する身分証明書発給の件［台湾総督府外事部長］（昭和一五〔一九四〇〕年六月一日）

〔解説〕激化した中国内の戦闘によって、日本政府外務省が邦人に対する中国渡航証明書の発給を制限したことで、日本軍はより中国に渡航させやすい台湾女性を慰安婦として動員する方法を本格的に使い始めた。

文書―30を見ると、一九三八年一一月に南支那派遣軍が台湾女性三〇〇人を広東省に渡航させたという記録がある。つまり台湾女性を慰安婦として中国に渡航させるのは、一九三八年一一月にすでに始まっていたことが分かる。しかし一九四〇年六月時点からさらに多くの台湾女性たちを中国本土に渡航させる計画が進められたことをこの文書は物語っている。

台湾総督府の外事部長が本土の外務省に、慰安所の関係者を現地領事館発給の証明書ではなく、陸海軍側の証明書で渡航させることができるのかどうか問い合わせた。昭和一五年五月七日の閣議決定では、芸妓・酌婦・女給などを雇用するために一時帰国した在中国接客営業者の場合は、現地の日本領事館警察署の発給した証明書が必要であった。そのため、領事館警察署の証明なしに、違法な渡航を認めてほしいという要請がなされたのである。軍側の理由は、慰安婦を必要とする現地軍周辺には領事館がなく、最も近い領事館であってもずいぶん遠い所にあるから、という理由だった。このように、女性たちに対する渡航手続きは、結局、現地軍の思惑通りに無法状態となっていく。

この文書は台湾総督府の外事部が日本本土の外務大臣に照会した文書である。

昭和一五　一五三四二　台北六月一日午後発
本省　一日夜　着

有田外務大臣
千葉台湾外事部長

第一〇九号

まだ開館していない領事館所轄区域に属する前線に赴いて、軍慰安所に従事する者に対しては、中国渡航事由証明書の取得が事実上不可能であるので、陸海軍側の証明書によって身分証明書を発給しても支障がないか、折り返し何分にもご返信をいただきたい。

（出典：『政府調査「従軍慰安婦」関係資料集成』第一巻、一四五頁）

【文書―31】中国渡航事由証明書等の取寄せ不能と認められる対岸地域への渡航者の取扱いに関する件［高雄州知事］（昭和一五〔一九四〇〕年八月二三日）

〔解説〕中国広東省欽県で慰安所を経営している業者が、女性たちを芸妓や酌婦という名目で連行する目的で台湾に一時帰還した。この業者は広東省南寧で軍専属の慰安所を経営している。この業者は現地軍が発給した証明書を添付して女性六人を連れて再び中国に渡航しようとしたが、昭和一五年五月に決定された必要書類である現地領事館警察署の証明書がない。

もともと醜業を目的とする婦女が海外に渡航する場合には、内務省通牒では居住地の所轄警察署長の渡航身分証明書を発給してもらわなければならなかった。原則的にはこの場合も台湾の警察署に女性たちが出向いて身分証明書の発給を受けなければならない。

しかし、これをさらに厳格にするために、渡航証明書発給手続きの変更が昭和一五年五月に行われた。それは、女性たちが居住地の所轄警察署長の渡航身分証明書を発給してもらうためには、まず海外の日本総領事館警察署が発給する証明書が必要となったことである。それは、現地の慰安所設置に問題がないかをより検討するための手段であった。しかし現地軍では領事館が遠いという理由で、この手続きを事実上省略しようとした。領事館が中国各地にあるわけではなかったからである。

現地軍は自らが発給した身分証明書で現地総領事館からの許可を受け、さらにそれらの証明書を女性たちの居住地の所轄警察署に提出し、中国への渡航身分証明書を受けなければならない。これが一応の原則である。醜業をさせるために中国に送り込む女性たちを軍がまず証明書を出してまるで公務のために渡航するといったような扱い方がなされたことは、慰安婦問題に対する法的責任が日本軍にあることを明確に物語っており、このような手続き方式を認めた日本政府も法的責任を免れ得ない。

この文書でいう「対岸地域」とは、台湾の向かい側にある中国の一地域をいい、広東省や福建省を指している。

秘　高警高秘外第五六九二号
昭和一五年八月二三日
高雄州知事　赤堀鐵吉

外事部長殿

中国渡航事由証明書等の取寄せ不能と認められる対岸地域への渡航者の取扱いに関する件

本籍　□□□

住所　□□□

□□□　当年二二歳

右の者が名義人となって夫□□□という者とともに、広東省欽県で南支派遣軍の塩田部隊と林部隊専属の軍慰安所を経営している。現在、軍に従って広西省南寧付近で就業中であるが、今回酌婦連行の目的で六月二七日付の右の林部隊長が発給した証明書（別添第一号）および、同日付同地の憲兵分遣隊長の発給した渡航証明書（右第二号）、ならびに同月二八日付の酌婦呼寄せ証明書（同第三号）を携帯して台湾に戻り、再渡航などのために本名など二人、および連行する酌婦六人の渡航証明書を下付して申請をしたが、中国渡航に関しては本年五月一三日付の総外第一一二号に「中国渡航邦人の取扱い手続きに関する件」などによって、一般人は一律に現地領事館警察署が発給する中国渡航事由証明書を必要とすることとなった。

しかし、本件営業者のような場合は、領事館警察署とは著しく遠い地域にあるため、領事館でも調査が不可能な地域と見なされるため、短期間で所定の証明書を取寄せることは不可能であると認められる。そして例え所定証明書を発給してもらったとしても、右の理由によって単に形式的なものになると認められるため、渡航者の身元、目的その他が確実であるなら、渡航させても支障がない。

特に本件のような特種な営業に就業している場合には、所属部隊長または所轄憲兵隊長の発給した証明書によって渡航させることは最も実質的な処理であると考えられるので、本件処理に関してご回答いただきたい。

（出典：『政府調査「従軍慰安婦」関係資料集成』第一巻、一四九〜一五九頁）

［渡航事由証明書］

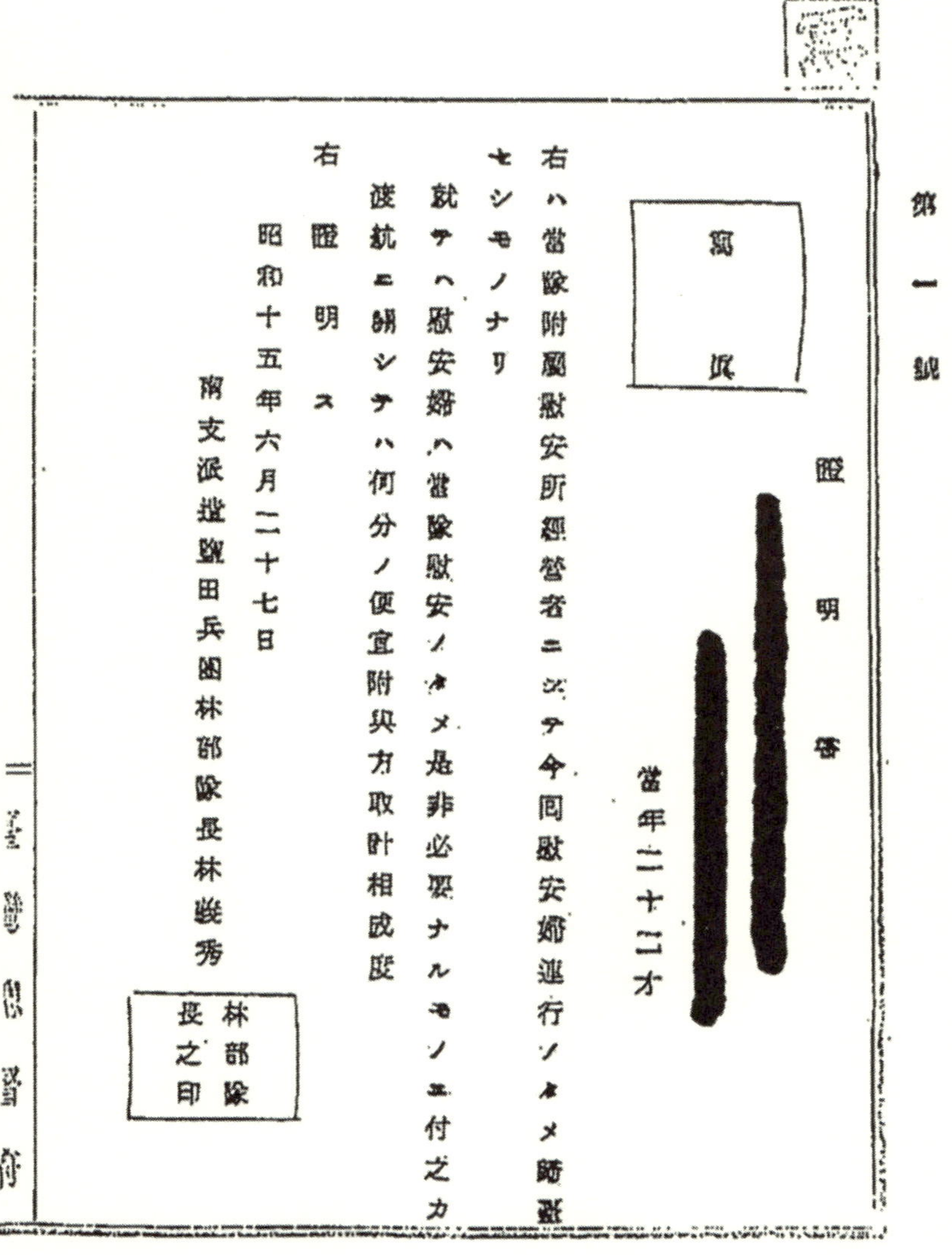

第一號

寫眞

證明書

當年二十二才

右ハ當隊附屬慰安所經營者ニシテ今回慰安婦進行ノタメ歸還セシモノナリ

就テハ慰安婦ハ當隊慰安ノタメ是非必要ナルモノニ付之カ渡航ニ關シテハ何分ノ便宜附與方取計相成度

右證明ス

昭和十五年六月二十七日

南支派遣閻田兵團林部隊長林㠀秀

林部隊長之印

第二號

渡航證明書

本籍

現住所

職氏名　慰安所業　　　當二十二年

一、渡航先　臺灣、高雄

二、目的　慰安婦招致ノ爲メ

三、期間　自昭和十五年六月二十七日至昭和十五年九月二十六日

四、出發地　欽縣

出發月日　昭和十五年六月三十日

五、其他

右之通リ渡航致度ニ付證明相成度及願候也

昭和十五年六月二十七日

[illegible]

右願出人

欽州憲兵分遣隊長足立茂一殿

欽憲警第四六六號

右證明ス

昭和十五年六月二十七日

欽州憲兵分遣隊長足立茂一

欽州憲兵分遣隊長印

日本標準規格 B 4 (257×364)

【文書―32】中国渡航事由証明書等の取寄せ不能と認められる対岸地域への渡航者の取扱いに関する件［台湾総督府外事部長］（昭和一五〔一九四〇〕年九月二日）

〔解説〕この文書は、台湾総督府外事部長が高雄州知事に送った回答だが、慰安所従業員（＝経営者、芸妓、酌婦）の中国への渡航を許可するという内容である。証明書類に不備があるが、現地軍部隊長が発給した証明書があるので中国への渡航を認めることにしたと伝えた内容である。

本来は現地軍の証明書だけでなく、現地領事館の証明書が必要だった。しかしそれを省略して、現地軍の証明書だけで女性たちを渡航させるという違法を台湾総督府の外事部長（警察署長に相当）が認めているのである。

昭和一五年九月二日

台湾総督府外事部長　千葉蓁一

高雄州知事殿

外一第一、一六二号

中国渡航事由証明書等の取寄せ不能と認められる対岸地域への渡航者の取扱いに関する件

本件に関して、本年八月二三日付、高警高秘外第五六九二号にて照会された旨を了承する。この種の渡航者に対する取扱い状況に関しては、本年六月八日付、外一第六六二号ノ三で言及したが、本件慰安所従業員の渡航は緊急であるだけでなく、貴官が言われる内容が妥当と考えられるため、特に本件に限り、中国渡航事由証明書を受け取らずに、林部隊長の発給した証明書で申請させ、身元目的等の調査をした後、確かであれば所定の証明書を発給することに支障はないので、このように回答する。

今後、広東総領事館の発給する身分証明書を所持し、再び渡航しようとする日本人に対しては、改めて身分証明書を入手しなくても渡航させ、本島人（＝台湾人）に対する同領事館発給の在留証明書は、今回の渡航事由証明書と同様の効力を有するものとみなして取計らって下されたく申し添える。

（出典：『政府調査「従軍慰安婦」関係資料集成』第一巻、一六一〜一六二頁）

【文書―33】中国渡航事由証明書等の取寄せ不能と認められる対岸地域への渡航者の取扱いに関する件［台湾総督府外事部長］（昭和一五〔一九四〇〕年九月二日）

〔解説〕この文書は、台湾総督府外事部長が内務省外事部長への問い合わせに対する回答を、外務省当局者に報告したものである。現地軍は陸海軍側の証明書と現地軍の証明書で、女性たちの渡航を許可してほしいと要請してきたが、それを認めるという内容である。

当時台湾は日本領であったため、台湾から中国に渡航する際には日本本土から中国に渡航する場合と同じような法的手続きが必要だった。そして昭和一五年五月の閣議決定により、居住地の所轄警察署長の中国渡航身分証明書発給を受けることができる者は、中国の所轄領事館内の警察署の証明が必要となった。しかし、この文書では結局領事館警察署の証明書を省いて、女性たちに渡航証明書の発給を許可している。

このように女性たちを慰安婦として戦場に送るために、原則が破られ、違法状態で女性たちは中国に渡航していたことが確認される。結局、現地軍と陸海軍省、そして内務省が結託した犯罪行為が慰安婦問題なのである。

昭和一五年九月二日

台湾総督府外事部長　千葉蓁一

外務省アメリカ局第三課長　真木薫殿

外一第一、一六二号ノ一

中国渡航事由証明書等の取寄せ不能と認められる対岸地域への渡航者の取扱いに関する件

本件に関しては高雄州知事から別紙甲号写本のように照会があった。この種の渡航者の取扱い状況に関しては、陸海軍側の証明書によって最寄りの領事館内の警察署で渡航事由証明書を取れるようにしたいという貴官からの指示もあるので、本件渡航者に対しても広東総領事館の発給した中国渡航事由証明書を提出させることを妥当と認めるが、本件慰安所従業員の渡航は急を要するものであることから、特に本件に限定して許可すべき旨を、別紙乙号写本のように高雄州知事宛に回答しておいたのでご了承くださるようこの点を申し上げる。

（出典：『政府調査「従軍慰安婦」関係資料集成』第一巻、一四七～一四八頁）

第三節　女性たちは「軍関係者」

1　日本軍の南方政策と「慰安婦」動員

日本政府は、一九四一年一一月五日に実施した御前会議で、対英米・対オランダ戦争敢行を決定した。そして翌日の一一月六日に南方作戦軍の戦闘序列が決まった。すなわち大本営は南方軍・第一四軍・第一五軍・第一六軍・第二五軍などを南方作戦に投入することを決定し、支那派遣軍の一部も南方作戦に投入することにした。

シンガポール攻略を重視する陸軍は、ビルマ（現、ミャンマー）の南部、タイの南部とマレーシアなどが属するマレー半島に作戦の重点を置き、米国の主力艦隊の迎撃を重視する海軍はフィリピンとインドネシア作戦に重点を置いた。

そして日本軍の南方作戦の目標は、オランダ領東インド（現、インドネシア）の石油資源の確保にあった。一九四一年一二月八日の日本軍による米ハワイ真珠湾攻撃は、こうした日本軍の南方作戦の一環として行われた。そして一二月八日に開戦日を決めたのは、日本軍が英国の支配するマラヤ（現マレーシア西部）のあるマレー半島での上陸作戦が可能な気象条件の最終期限が一二月八日だったためである。マレー半島から英国を、フィリピンから米国を追い出し、英米の東南アジア各地での影響力を喪失させるための作戦が日本の太平洋戦争開戦だった。

南方作戦に用いる日本の陸軍兵力は一一個師団計三六万人余りに達した。元々、日本の陸軍はソ連と戦争するという北方政策を標榜（ひょうぼう）したが、それが容易ではなかったため、南方作戦に方針を変更することになった。

これにより海軍は、まず真珠湾攻撃と東南アジアの島々に対する作戦遂行に総力を傾けることとなった。日本軍慰安所は、このような日本軍の南方政策と太平洋戦争の開始によって、日本の兵士が進駐した東南アジアと太平洋の島々に次々と拡大設置されていった。

そのため必要になったのが、中国以外の国々への慰安婦の輸送である。結論として陸軍は、中国を経るという形式で東南アジアなどの南方に慰安婦を送る計画を立て、慰安婦の身分を軍関係者とすることによって、問題なく女性たちを東南アジア各地と太平洋の島々に送ることに成功した。中国を経ると言っても、女性たちが中国に一時滞在する必要はなかった。東南アジアに女性たちを送る途中で中国に一時寄港すればよく、その時に女性たちの東南アジア輸送の手続きを取ったものとみられる。朝鮮女性たちを南に送るルートとして証言によって明らかになっているのは、朝鮮の釜山港→下関→中国の港→東南アジアの国々や南方諸島というルート、または朝鮮の仁川港→中国の港→東南アジアの国々や南方諸島というルートである。中国の港には寄らない場合もあった。

この場合も、女性たちは日本の軍需工場で働くことになるとか、軍の病院勤務、軍の食堂で働くなどの言葉でだまされたと証言している。そういう言葉でだませば、一応、軍関係者という身分が得られるからである。

2 関連文書で見る南方への「慰安婦」動員

【文書—34】渡航手続きに関する件［波集団参謀長］（昭和一七〔一九四二〕年一一月一八日）

〔解説〕中国の広東を基本的な作戦範囲に置いた波集団と呼ばれる陸軍の一大隊は、南方作戦にも投入された。一九四二年後半、東南アジア方面に対する南方作戦の開始で戦争が激化する中、日本人（朝鮮人、台湾人を含む）の南方方面の渡航が制限されるようになった。これは、日中戦争の激化によって、日本人の中国渡航が制限された一九三七年、一九四〇年の措置に続くものである。

しかしそのような中でも前線では慰安所を作っていくので、慰安婦が必要となり、例外措置として慰安婦の動員を行わなければならない。この文書は、渡航制限の中で慰安婦の動員をいかにすればよいのかを現地軍が陸軍省に問い合わせたものである。一般日本人の南方方面への渡航を制限しても、慰安婦などの慰安施設要員は制限なく送れるようにしてほしいという現地軍の要求が明確になっている。

そして陸軍は、現在までの法的措置を活用するために、中国経由で南方に慰安婦を輸送する方法を考え付いたのである。

（秘電報訳）発信者　波集団参謀長（昭和一七年一一月一二日）

波集参電第五一〇号

邦人（＝日本国籍者）の南方渡航統制に関して、軍は三月三〇日付の陸亜密第九九三号に係る「暫定措置要領」に基づいて厳重に実施中であるが、左記の項目のような疑問点があるので、回覧をお願いする。

左記

一　軍の酒保要員、および慰安婦に対する正式渡航手続きはどのようにするのか。

二　第三国人（＝日本に居留する外地帰属の者）の南方方面の渡航は、一月二二日付の陸亜密第一八六号（乙）に基づいて、新たな渡航は当面認めない方針であると了解したが、第三国人（特に中華民国人と敵性のないインド人）がやむを得ない事由のある渡航の場合、正式手続きをどのようにするか。

（特に南方占領地とインドシナ、タイで区別して理解したい。）

陸軍省（総軍は参考に）

（出典：防衛省防衛研究所、文書名「渡航手続ニ関スル件[35]」）

【文書―35】渡航手続きに関する件（昭和一七〔一九四二〕年一一月一八日）
―次官より波集団参謀長、南方軍総参謀長宛の電報案（暗号）

〔解説〕この文書は、前の文書で見た波集団の問い合わせに対する陸軍省の答申である。波集団は酒保要員や慰安婦の正式な渡航手続き方法を陸軍省に照会した。それに対して陸軍省は、「昭和一七年四月二三日付の陸亜密第一二八三号一の〈ト〉によって処理」するように答申した。ここでいう「陸亜密第一二八三号一」とは、文書―36「陸軍関係者南方占領地（含香港）進出手続きに関する件」のことである。

そして「陸亜密第一二八三号一の〈ト〉」によれば、軍の売店（酒保）要員や慰安婦は、軍関係者の中の「その他の者」に該当し、この者たちには「陸軍省南方政策部」が身分証明書を発行することになっていた。

このように陸軍省が、慰安婦に対する海外渡航証明書を発給し始めたという事実は、日本政府が慰安婦を一般民間人ではなく、正式に軍関係の民間人（軍関係者）扱いをしたことを意味する。

一般民間人に対する渡航許可には、元々居住地の所轄警察署長が発給する身分証明書が必要だった。そうでない場合は、公務として扱い、派遣する官公署の発給する身分証明書が必要だった。ところで慰安婦となる女性たち（もちろん彼女たちには慰安婦とは言わずに軍関係のその他の業務と言ってだますのであるが）には元来の手続きを変更して、彼女たちを公務とみなして内務省傘下の警察署ではなく陸軍省が身分証明書を発行するように規定を変更したのである。すなわちこの時点から女性たちは居住地の所轄警察署の発給する身分証明書は必要がなくなり、陸軍省が発行した身分証明書によって渡航証明書を受けることができるようになった。これは慣行としては行われていたが、一九四二年に正式な手続きとなった。

そのため、内務省の警察署長が実施すべき女性たちに対する身元調査は、もはや法的にも必要がなくなり、慰安婦動員のための詐欺が無数に横行しやすい環境が設定されたのである。

また、慰安婦は軍の必要で渡航する軍関係者であったが、陸軍省は慰安婦を「軍属」とは規定せずに「軍関係者」という名称でのみ取り扱った。軍属と認めれば、慰安婦に対して軍が最後まで責任を負い、年金なども支給しなければならないという負担があったために、彼女たちを軍の必要で渡航させるが、最後は彼女たちに責任を負わなくてもいい単なる「軍関係者」身分にしたものと判断される。

しかし一連の文書で、慰安婦が軍の必要によって動員された「軍関係者」であるという事実は否定できないため、書類上では慰安婦に対する責任を回避できたとしても、日本政府と日本軍は非人道性と無責任性という犯罪から逃れることはできない。

陸軍省が業者から提出された書類を審査して女性に対する渡航に必要な身分証明書を発給するという手口で、慰安婦は現地軍の必要から増員が要請されれば日本本土や朝鮮、台湾などから需要地域に続けて供給されたのである。一般人は危険なために渡航を禁止したのだが、女性たちは危険にさらされても構わないという思考方法自体が一級の犯罪である。彼女たちは人間ではなく、軍需品扱いであった。

陸軍省次官がこの電文の中で、慰安婦はすでに南方地域で飽和状態であるので慰安婦の追加渡航を自制するように軍に勧めているが、渡航自体を禁止することはなかった。現地軍の要請があれば、本土や

一　朝鮮、台湾では、女性たちの危険な渡航にも歯止めをかけることは不可能であった。

（陸亜密電）

次官より波集団参謀長、南方軍総参謀長宛の電報案（暗号）

波集参電　第五一〇号　返信

一　軍酒保要員と慰安婦に対する渡航手続きは、昭和一七年四月二三日、陸亜密第一二八三号一の「ト」によって処理されるべきである。

なお、慰安婦は既に南方地域では飽和状態にあることに留意してほしい。

二　やむを得ない理由で第三国人で占領地に渡航する者は、個人別に調査協議すべきであるので陸軍省に連絡してほしい。

また、インドシナおよびタイに渡航する者について、そして軍において利用しようとする者に対しては、前項に準じて処理し、その他の一般渡航者は外交手続きに基づいて処理すべきである。

通電先　波集団（他は参考にすること）

陸亜密一三九八　昭和一七年一一月一八日

（出典：防衛省防衛研究所、文書名「渡航手続ニ関スル件」）

【文書―36】陸軍関係者の南方占領地（香港を含む）進出手続きに関する件（昭和一七〔一九四二〕年）

〔解説〕この文書が、前の文書の根拠となった文書である。この文書は、日本（朝鮮・台湾を含む）・満州・中国から日本の南方占領地（＝東南アジアなど）に向かおうとする陸軍軍属・軍属要員その他の陸軍関係者に対する渡航手続きを定めている。

戦争の激化を理由に一般民間人に対する渡航身分証明書の発給を制限した内務省は、慰安所関係者に対する身分証明書の発給も拒否したと思われる。一般民間人に対する身分証明書の発給を制限し、醜業を目的とする者にだけ身分証明書を発給すれば、日本政府が対内外的な非難を免れなくなるからである。しかし、現地軍の慰安婦増員要請が続けて入ってくるため、日本政府は現地軍の要請をもとに陸軍省が慰安所関係者たちに対して軍関係者という身分を与えて前線に送るという方法を考案した。そのような変則的な方法に対する法的根拠として定められたのが、この文書である。

陸亜密一二八三号　　昭和一七年四月二三日

副官から陸軍一般への通牒案（乙）

首題の件、別冊の通りに決定されたので通牒する。

別冊

陸軍関係者の南方占領地（香港を含む）進出手続き

日本（朝鮮、台湾を含む）、満州、中国から南方占領地に進出しようとする陸軍軍属、同要員、その他の陸軍関係者に対する渡航等に関する手続きは、しばらく左記による。

左記

一　日本、満州、中国から南方占領地に進出しようとする陸軍軍属、同要員、その他の陸軍関係の日本人（朝鮮人、台湾人を含む）は、左記の区分によって的確かどうかを判断して身分証明書の交付を行う。身分証明書を携帯していない者は進出させないものとする。

	要員区分	詮衡要領	身分証明書の発行要領
イ	動員（戦時編成）部隊編制定員の充足・補充または交代のための嘱託雇用人および以上の要員	留守・補充または差出業務を担う軍事令官、または師団長の定めるところによる	上記、軍司令官または師団長が発行する
ロ	右以外の雇用人およびその要員	右に同じ。ただし二六歳未満の者二〇人以上、または二六歳以上の者五〇人以上を同時に進出させる場合は、陸軍大臣の認可を受けるものとする	右に同じ。ただし需要部隊の要請によって、右以外の朝鮮軍司令官および台湾軍司令官、関東軍司令官または支那派遣軍総司令官も発行することができる
ハ	命課・配属・出張・派遣・勤務命令による陸軍文官、嘱託および以上の要員	関係部隊の上申（協議）により、人事局長（所管長官）が詮衡する	師団長またはこれと同等以上の地位の長官、陸軍大臣直轄の官学校の長、または陸軍省（人事局および南方政務部管掌）が発行する。陸軍省以外で発行するときは陸軍大臣配属命令・発令電報・発令通牒・異動通牒の発行番号、あるいは関係記事の抜粋または任命状を添付することとする

ニ	部外各処から配属されるべき者		陸軍省（人事局長および南方政務部管掌）が発行する
ホ	被徴用者		徴用（徴用変更）告知書が身分証明書の代わりとなる
ヘ	陸軍の指示により、産業・財務・交通等の処理等のために進出する官吏および民間人	陸軍省で詮衡するものとする	陸軍省（南方政務部管掌）が発行する
ト	その他の者		陸軍省（南方政務部管掌）が発行する

（中略）

二　文官、嘱託および以上の要員［動員（臨時編成）部隊編制定員の充足・補充または交代のための留守業務担当の軍事令官、師団長が派遣すべき嘱託、雇用人および以上の要員を除く］、および一般官属の補充派遣が必要な南方各軍は、日本・満州・中国の各部隊または部外機関に直接請求せずに、所要内容（希望条件および希望名などがある場合は付記する）を南方軍総司令官または香港占領地総督から陸軍大臣に申請することとする。

三　インドネシア、およびタイから軍の必要に基づいて、南方占領地に駐屯する部隊に編入しようとする者は南方軍総司令官がこれを決定することができる。ただし、陸軍文官と陸軍高等文官待遇者は軍隊区分によることとし、部外各処所属の官吏以下はあらかじめ陸軍大臣の認可を経なければならない。前項の場合、被徴用者は陸軍徴用規則その他の関係法規の示すところに基づく。

四　陸軍軍属要員として派遣された者（被徴用者を除く）が部隊に到着すれば、部隊長は速やかに嘱託または雇用して宣誓をさせることとする。

五　前の各号によって南方占領地に進出した陸軍軍属（陸軍文官および陸軍高等文官待遇者、および部外各処から配属された者、および被徴用者を除く）の所属転換は、部隊相互間の協議によるものとし、彼らの解雇・再雇用は部隊の事情によるか、または本人の届出によって真にやむを得ない場合以外は、進出後の短期間内に実施しないことを原則とする。ただし、思想行動など占領地内に置くのが適当でない者は速やかに本土に送還することとする。

六　第一号の該当者の中の軍属要員の旅費・出発手当・服装手当などは、現地到着後に採用した部隊で支給することとする。□□（判読不可）・財務・交通等の処理等のために進出する部外官吏および民間人には、陸軍から旅費等を支給しない。

（後略）

（出典：防衛省防衛研究所、文書名「陸軍関係者南方占領地（含香港）進出手続ニ関スル件[36]」）

第四章　「慰安婦」が性奴隷だった証拠

第一節　想像を絶する一日の接客数

慰安婦として一日三〇人から七〇人ほどの兵士の相手をしなければならなかったという証言は、元慰安婦だった女性たちの口からよく出た言葉だった。それは果たして本当なのだろうかという懐疑の声が、慰安婦を商行為として全面否定する人間たちだけでなく、慰安婦の被害を認める人たちの間でも上がっていた。

本章は、そういう疑問に対して回答するために設けた章である。

1　ボルネオの慰安所

日本軍は一九四一年一二月八日に真珠湾を攻撃し、同一六日にはマレーシアの西部アロルスター市を占領して同日ボルネオ島の北部に上陸した。日本軍のボルネオ島上陸の目的は、石油などの資源確保にあった。現在もボルネオ島にあるブルネイは世界有数の産油国だが、当時米国が日本に対する石油輸出禁止という経済制裁を科したため、日本はボルネオ島を含むインドネシアの石油資源を手中に収めることを戦略目標に掲げたのである。当時のボルネオ島は北西部が英国領で、南部と東部がオランダ領だった。

日本軍はボルネオ島各地で英国軍、オランダ軍、豪州軍と戦って勝利し、一九四二年一月末にはボルネオ島全体を占領した。そうして占領したボルネオ島を、日本の陸軍と海軍が北と南に分割統治したのである。

一方、日本軍のニューギニア攻略は、海軍の主導によって展開された。日本海軍は、「米国と戦争をするのなら、米国を含む連合軍は豪州本土から反撃に出るだろう」と予想したため、日本軍のニューギニア攻略は豪州本土制圧に最終目標を置いた。

【文書―37】南方派遣渡航者に関する件［台湾軍司令官］――（昭和一七〔一九四二〕年三月一六日）

〔解説〕この文書には、マレーシア半島から東南に位置するボルネオ島駐屯日本軍に慰安婦五〇人を送ってほしいという南方総軍の要請を、日本の台湾軍司令官が陸軍省大臣に送った一九四二年三月一二日付の電報文書が含まれている。

この電文は、ボルネオ島を占領した後、日本軍が慰安所を設置する決定を下して台湾に要請したもので、慰安婦を「慰安土人」という差別表現で呼んでいることから、慰安婦は全て台湾人だったことと推察される。日本では植民地時代に台湾土着民を、台湾土人という「差別的呼称」で呼んだからである。

この電文を作成した台湾軍司令官は日本人として台湾軍を管掌していたが、当時の朝鮮軍と同じく台湾軍は日本軍傘下にある軍隊であり、司令部を台北に置いていた。

また、この電文に出てくる南方総軍とは、一九四一年一一月五日、天皇が参加した御前会議で編成が決定された南方作戦に臨む軍部隊を意味する。太平洋戦争の時、多くの部隊を統括するという意味で「総軍」と呼ばれる日本の陸軍組織の構成は、東南アジア方面を統率する南方軍、中国戦線の支那派遣軍、そして満州地域の陸軍部隊を統率する関東軍の三つでできていた。

さらに電文では、軍の憲兵が業者（＝抱主、慰安所経営者）三人を選定したとしているため、業者の背後に現地日本軍が介入した事実が明確になっている。そしてその業者三人の渡航認可を要請しているが、これは業者の渡航証明さえ発給されれば、連行する女性たちの渡航証明書は形式に過ぎなかったことをうかがわせる内容である。あくまでも軍や内務省の選定した業者（＝抱主）がまるで自主的に慰安所を開設したように偽装して、慰安所を経営させたことが分かる。

[南方派遣渡航者に関する件]の内、一九四二年三月一二日付電文

陸軍省受領　陸亜密受第二二五九号

㊙電報訳　三月一二日一九時三〇分発　二二時四〇分着

[陸軍省]大臣宛　　発信者　台湾軍司令官

台電　第六〇二号

陸密電第六三号に関して、「ボルネオ」行の慰安土人五〇人をできる限り派遣してほしいと南方総軍が要求してきたため、陸密電第六二三号に基づいて、憲兵が調査し選定した左記の経営者三人の渡航認可をお願いし、申請する。

左記

愛媛県越智郡波方村一二三六、台北基隆市日新町二ノ六　村瀬近市　四二歳、

朝鮮全羅南道済州島輸林面狭才里十　台北基隆市義重町四ノ一五　豊川晃吉　三五歳、

高知県長岡郡介食村三七〇　高雄州潮州郡潮州街二六七　浜田ウノ　五一歳

（出典：防衛省防衛研究所、文書名「南方派遣渡航者ニ関スル件」[37]）

【文書―38】南方派遣渡航者に関する件[台湾軍司令官]―二（昭和一七〔一九四二〕年三月一六日）

〔解説〕この文書は、前の文書による台湾軍司令官の問い合わせに対する翌三月一三日の陸軍省の答弁である。

すなわち、台湾人の慰安婦五〇人と経営者三人をボルネオ島に送ってもいいという短い答弁である。

この場合、慰安所経営者と慰安婦を「軍関係者」として渡航身分証明書を内務省警察署ではなく、陸軍省が発給した。経営者や慰安婦を軍の公務と見て、女性たちの身元照会は簡略化し、彼らを軍関係者という資格で渡航させる方法が取られている。この方法によって、募集の際に行われた就業詐欺はほとんど摘発できなくなった。

［南方派遣渡航者に関する件］の内、一九四二年三月一六日付電文

副官から台湾軍参謀長宛
返電案（暗号）
陸亜密電
三月一二日付、台電第六〇二号の件、命によって認可された。
陸亜密電一八八　昭和一七年三月一六日

（出典：防衛省防衛研究所、文書名「南方派遣渡航者ニ関スル件」）

【文書―39】南方派遣渡航者に関する件［台湾軍参謀長］―三（昭和一七〔一九四二〕年六月一三日）

〔解説〕この文書は、前の二つの電文でボルネオ島に送った慰安婦五〇人に加えて、二〇人を再び送ってほしいという要請がボルネオ現地軍から来たという台湾軍参謀長の電文で、陸軍省副官宛に送付された。

文書を見ると、慰安婦が人員不足で、稼業に耐えられなくなった女性が発生したと書かれている。ボルネオ島には一九四五年五月時点で、日本軍が約一万七〇〇〇人、軍属が約四七〇〇人駐屯していた。

したがって、合計の約二万一七〇〇人を当初は約五〇人の慰安婦が相手にしなければならなかったのだが、単純計算で慰安婦一人当たり日本兵士約四三〇人を相手にしなければならなかったことになる。そのため慰安婦は、大変酷使されていた。これがよくいう性奴隷の状態である。これでは一日に実際一〇〇人を相手にしなければならなかったとしても全く不思議ではない。

そのため、慰安婦二〇人を増員してほしいという要請がボルネオ現地軍から台湾軍参謀長宛に届いたのである。この電文は、現地軍の要請を台湾軍参謀長が陸軍省副官に送って、了解を得ようとしたものである。しかし、二〇人を増員しても慰安婦一人当たり、兵士や軍属約三一〇人であるので、状況は改善したとは言えなかった。

慰安所は通常週六日勤務だったが、軍人や軍属が平均して一週間に一度慰安所を利用したと仮定すれば、慰安婦一人当たり一日に約五〇人を相手にしなければならず、彼らが平均して二週間に一度慰安所を利用したとすれば、一日に約二五人を相手にしなければならなかったという計算になる。まさに日本軍慰安婦制度の実態は、性奴隷制度であった。

[南方派遣渡航者に関する件]の内、一九四二年六月一三日付電文

亜密二二五九　一
㊙電報訳　六月一三日午後一一時五分発
副官宛　発信者　台湾軍参謀長
台電　第九三五号
本年三月、台電第六〇二号で申請し、陸亜密電第一八八号で認可された「ボルネオ」に派遣の特種慰安婦五〇人について、現地に到着した後の実況は、人員が足りずに稼業に耐えられない者などが発生したため、さらに二〇人を増加する必要があるとして左記の引率者が、岡部隊発給の呼寄せ認可証を携帯して台湾に帰還した事実は、やむを得ないものと認められる。したがって慰安婦二〇人の増派を了承願いたい。なお将来、この種の少数の補充交代増員などの必要が生じた場合には、右のように適宜に処理したいので、あらかじめご了承をお願いする。

左記

基隆市日新町二―六　村瀬近一

終　秘

（出典：防衛省防衛研究所、文書名「南方派遣渡航者ニ関スル件」[38]）

2　高森部隊―皇軍一〇〇人に「慰安婦」一人を配属する

平均的に慰安所には、慰安婦が兵士や軍属の人数に対して、どれくらいの人数で配属されたのかを知ることのできる文書がある。この文書は、独立山砲兵第三連隊の高森部隊が一九四〇年に中国の武漢に駐屯した時、地方商人に経営を任せる形で軍慰安所を開設したが、その時の規定がこの文書に書かれている。

高森部隊は、地方商人に慰安所およびその他の慰安施設の経営を任せたが、特に慰安婦に対する健康管理と検診（＝性病検査）は軍医が絶えず実施するようにし、商人たちは軍に服従しなければならないという内容が記されている。

そして皇軍一〇〇人に慰安婦一人を配置するように軍が明確に規定している。実際には兵士に軍属も加わり、慰安婦の負担が大変大きかったことと推測される。慰安婦一人に一日に一〇〇人以上の兵士や軍属が押しかける可能性があった状態であり、慰安婦たちはまさに日本軍の性的道具であった。

さらに、この慰安所は慰安婦・女給・使用人たちの散歩区域の範囲を決めている。慰安婦だけでなく、軍は慰安所の使用人や女給の行動の自由まで奪っていたことが文書で確認される。彼らの散歩区域については、実際の略図をこの文書の最後に示す。

またこの慰安所は、女性が性病にかかると自分の部屋で休むことができず、抱主がそういう女性たちを一室に集めるようにしたという内容など、人権侵害の要素が非常に強い慰安所だったことが分かる。

【文書―40】高森部隊特殊慰安業務規定（昭和一五〔一九四〇〕年一〇月一一日）

昭和一五年一〇月一一日

高森部隊特殊慰安業務規定

高森部隊

高森部隊警備地区内の地方商人の営業に関する規定

第一　本規定は、本部隊警備地区内の地方商人の営業に関する件を規定し、将兵の殺伐とした気風を緩和・調整し、軍紀を確立することを目的とする。したがって連隊幹部は誰でも本規定を犯さないように厳しく指導・監督する必要がある。

第二　地方商人で営業を許可できる者は、左の各項に該当する者に限る。

領事館または憲兵隊の身分証明書を持つもので、軍司令官・兵站司令官・輸送司令官または兵団長の地区通行許可証、その他の兵団長の居住許可証、営業許可証を持つ者。

第三　地方商人の営業別およびその範囲は、左の標準によって許可する。

1　慰安所は、皇軍一〇〇人に一人の割合
　慰安所業の経営者は　三人
2　飲食店経営者は　四人
3　写真屋　二人
4　時計屋　一人
5　営業所は連大隊本部付近に限る
6　営業主の使用人は身元の確実な者で、常に清潔でなければならない
7　飲食店の女給は、各営業主に三人を標準とする
8　営業主の使用人・慰安婦・女給は、別紙様式の履歴書を警備隊長に提出することとする
第四　営業関係者（使用人・慰安婦・女給ともに）の散歩行動区域は、別紙付図の範囲とする。
（中略）
第八　営業者は役員の指導・監督・検査を受け、左のように絶対に服従すること。
1　営業主・その家族・使用人・女給は、毎月一五日の公休日の午後は軍医の健康診断を受けることとする。
2　慰安婦は毎月一日・一〇日・二〇日の午前八時から軍医の健康診断と検黴を受けることとする。
第九　軍医は、右の診断および検黴の結果を、警備隊長に報告し、本人と営業主に通報すること。
また、病人は適宜の方法で治療を施すこととする。
第一〇　営業主は不合格者がいる場合、その者たちを一室に集めて接客を禁止し、それらの部屋に表示することとする。
（中略）

第一六　慰安所の料金は当分の間左の如く定める。

	三〇分	一時間	
兵	一円	二円	
下士官	一円二〇銭	二円四〇銭	
准士官以上	一円二〇銭	三円	二四時以降一〇円

備考

1　チップなどは一切交付しないこととする。

2　コンドームは営業者の負担とする。

3　皇軍以外の者には接客を厳禁する。

（中略）

昭和一五年一〇月一一日

警備隊長　高森大佐

（出典：防衛省防衛研究所、文書名「陣中日誌」自昭和一五年一〇月一日至昭和一五年一〇月三〇日　独立山砲兵第3連隊（5））[39]

［高森部隊特殊慰安業務規定］

第三　地方商人ノ營業別及其範圍ハ左ノ標準ニ依リ之ヲ
許可ス
1、慰安所
慰安婦ハ皇軍一〇〇名ニ對シ一名ノ割合
慰安所ノ業經營者ハ　三名
2、飲食店經營者ハ　四名
3、寫眞屋　二名
4、時計屋　一名
5、營業場所ハ聯大隊本部附近ニ限ル
6、營業主ノ使用人ハ身元確實ナル者ニシテ常ニ清潔ナ
ルヲ要ス
7、飲食店ノ女給ハ各營業主ニ二名ヲ標準トス
8、營業主ノ使用人、慰安婦、女給共ニ別紙様式ニ依リ
履歴書ヲ警備隊長ニ提出スルモノトス

第四　営業関係者（使用人、慰安婦、女給共）ノ散歩行動
区域ハ別紙附図ノ範囲トス
第五　営業者ノ監督指導検査ノ為別表ノ通リ役員ヲ
任命ス
第六　営業者ノ人員、荷物其ノ他一切ノ運搬ハ各自営業者ニ
於テ實施シ其ノ経費ハ一切営業者ノ負擔トス
又営業者ノ施設ニ要スル諸材料物資ノ購入等ニ関シテハ
宣撫班ヲ通シ購入スルモノトス
第七　宣撫班ハ如上ノ諸材料物資等ノ購入ヲ営業主ヨリ願
出テタルトキハ維持會ヲ通シ便宜ヲ取リ計フモノトス
第八　営業者ハ役員ノ指導監督検査ヲ受ケ之ニ絶對
服従スルコト左ノ如シ
ノ、営業主、同家族、使用人、夫、女給ハ毎月十五日ノ公休日午
後ハ軍醫ノ健康診断ヲ受クルモノトス

陸軍

次の略図は、文書—43の付図であり、慰安婦たちの制限された散歩区域である。

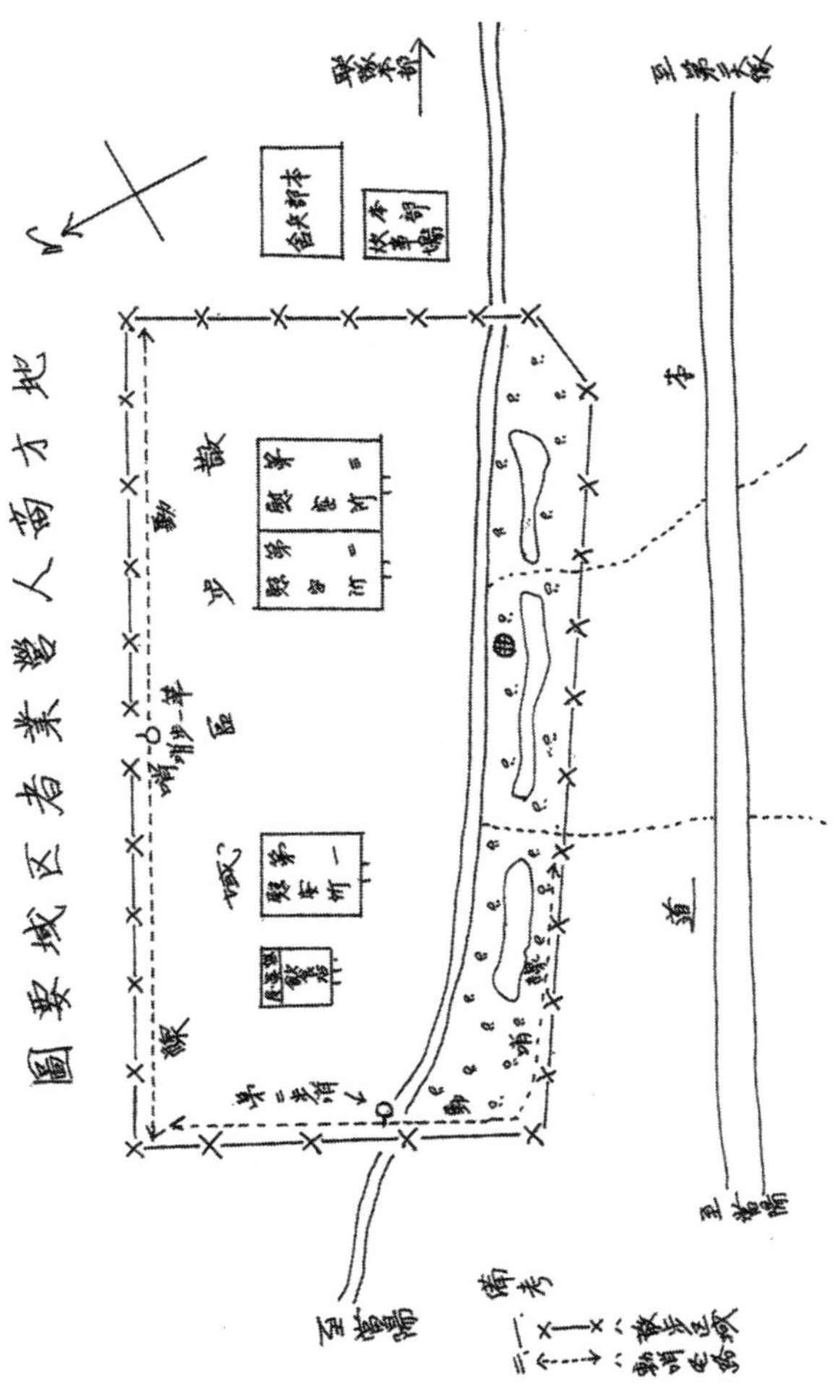

[証言―⑤] 水木しげるの目撃した「慰安婦」の地獄

水木しげる（一九二二〜二〇一五）は、日本の有名なマンガ家であった。彼は生前、妖怪・幽霊マンガで日本の第一人者だった。しかし同時に、水木は、戦争を素材にしたマンガも描いた。彼は、「そういうマンガはフィクションではなく、ノンフィクションだ」と語っていた。

水木は一九四三年、ラバウルから三〇キロほど南方の離れたところにある都市ココポに補充兵として徴兵された。彼は爆撃で左腕を失ったが、敗戦後に日本に生還して右腕一つでマンガを描いた。

水木は妖怪マンガを描く傍ら、自分の戦争体験をもとにした自伝的戦争マンガを多数発表した。そのような戦争マンガのうち、彼は最も愛着を感じる作品として『総員玉砕せよ！』（一九九五）を挙げたという。水木は、このマンガの九〇％は戦場で自分が直接見て聞いた真実だと語っていた。この『総員玉砕せよ！』には、次のような慰安所と慰安婦に関する描写がある。

ニューブリテン島のココポ慰安所の前で、日本軍の兵士たちが長い列を作っている。一般兵士たちに対する慰安所の営業終了時間は午後五時で、その五分前になったが並んで順番を待っている兵士たちはまだ約七〇人も残っていた。

このように一日に慰安婦一人が相手にする兵士たちの人数が想像を絶するものであったことは、この章で論じてきた内容とまったく同じである。日本軍は慰安婦に対し、平気で長時間労働をさせ、ひどい性的搾取を行っていたのである。水木しげるはこのような慰安婦に対する人権無視の重労働の強制を、マンガを通して告発したのである。

兵士A「なんだ、この行列は」

兵士Ｂ「こりゃ、とても夜になっても解決つかんぜ」
兵士Ｃ「おーい、早くしろーい」
兵士Ｄ「一人、三〇秒だぞ」
慰安婦「皆さん、もう五時ですからおしまいですよ」
兵士Ｅ「そんなこというなよ、御国のためだ」
慰安婦「もう体が持たないわ……」

水木しげるは、他のマンガ『カランコロン漂泊記―ゲゲゲの先生大いに語る』(二〇一〇)の中でも、「従軍慰安婦」というタイトルで八ページにわたってココポでの自分の経験を次のようにより詳細に描いている。


上等兵「お前も行ってこい」

兵士　「うわー」

上等兵「行ってこいといったら行ってこい」

　というようなことでピー屋の前に行ったが、なんとゾロゾロと大勢並んでいる。

日本のピー屋の前には一〇〇人くらい、ナワピー(沖縄出身)は九〇人くらい、朝鮮ピーは八〇人くらいだった。これを一人の女性で処理するのだ。僕はその長い行列をみて一体いつ、できるのだろうと思った。一人三〇分とみても、とても今日中にできるとは思われない、軽く一週間くらいかかるはずだ。

しかし兵隊はこの世の最期だろうと思って離れない。

　しかし……いくらねばっても無駄なことだ。僕は列から離れることにした。そして朝鮮ピーの家を観察したのだ。ちょうどそのとき、朝鮮ピーはトイレがしたくなったのだろう。小屋から出てきた。

〈朝鮮人慰安婦がトイレで用を足すときその尻を見て、兵士は驚いて目を見張る。兵士が何を見たのかに関して具体的な描写はないが、彼は驚きのあまり激しく息を吐きだす。以下は兵士の独白である。〉

兵士：とてもこの世の事とは思えなかった。第一これから八〇人くらいの兵士をさばかねばならぬ。兵隊は精力ゼツリンだから大変なことだ。それはまさに『地獄の場所』だった。

〈場面が変わって現代。書斎の椅子に座って目を閉じ、もう老人になった水木が物思いにふけっている。〉

水木：兵隊だって地獄に行くわけだが、それ以上に地獄ではないか。と、トイレに行った朝鮮ピーを見て思った。よく従軍慰安婦のバイショウのことが新聞に出たりしているが、あれは体験のない人には分からないだろうが……やはり地獄だったと思う。だからバイショウはすべきだろうナ。……といつも思っている。

水木しげるは反戦運動などを積極的に繰り広げるような人物ではなかった。しかし彼は自分のマンガやエッセイの中に、自らの体験を率直に描くことのできる良心的な証言者だった。

第二節　一五歳の少女を「慰安婦」にした日本軍

1　醜業女性は二一歳以上という真っ赤なうそ

日本政府が「内務省通牒」で規定したところによれば、「醜業をする女性は二一歳以上」という当時の国際条約を順守する内容であった。しかし日本政府や日本軍はこの規定を完全に破っていた。その根拠は、昭和一五年五月七日に閣議決定された「中国渡航邦人暫定処理に関する件」（文書―29参照）である。この文書は、未成年者を芸妓・酌婦・女給などとして海外に渡航させる時には、職業紹介所の所長が、引率していく経営者に雇用証明を発給すれば問題は解決されたということを示している。

さらに昭和一七年の「陸軍関係者の南方占領地（香港を含む）進出手続きに関する件」（文書―26参照）によって、女性を「軍関係者」として軍に関係する仕事に就かせるという名目で渡航身分証明書を与えたため、未成年者の女性が中国や南方の占領地へと続々と送られていった。

すなわち、満二一歳未満の慰安婦は、日本人は一九四〇年以降、いくらでも海外に送ることができたし、植民地や占領地の女性たちは初めから幼い少女たちも動員されたのである。

次の文書は、フィリピンのビサヤ諸島パナイ島のイロイロという都市に設置された慰安婦に対する性病検査の記録である。一九四二年五月一二日から同年一二月二七日までの記録だが、五月二六日からの記録には慰安婦の年齢が記載されている。この記録を見れば、一五歳の少女が含まれている。それだけでなく多くの女性が二一歳未満だった。

そして、当時日本は韓国と同じく年齢を「数え年」で記録したため、一五歳は満一四歳か満一三歳であった可能性もある。韓国の慰安婦被害者のイ・オクソンさんが一四歳（満一三歳）で中国延吉に連れていかれたと証言している。日本軍が非常に幼い少女たちを強制的に慰安婦にしたことが今一度確認できる。ここには性病検査記録のうち、いくつかを選んで掲載した。

2 関連文書で見る未成年「慰安婦」の割合と彼女たちの発病率

【文書―41】検黴成績の件通牒［イロイロ患者療養所］（昭和一七〔一九四二〕年五月二六日）

〔解説〕一五三頁の表は、昭和一七年五月二六日にフィリピンのイロイロ患者療養所で実施された慰安婦たちに対する性病検査（＝検黴）の結果を憲兵隊に送った文書の一部である。一番幼い慰安婦は一六歳、満でいえば一四か一五である。この結果から、慰安婦の年齢構成は次の通りである。

一六歳：二人、一七歳：一人、一八歳：四人、一九歳：一人、二〇歳：一人、三一歳：一人、年齢未詳：四人、合計：一四人。

一四人の慰安婦の内、二一歳未満は九人である。年齢未詳もいるので、二一歳未満はさらに増える可能性さえある。この慰安所は、なんと六四％が二一歳未満であった。また、一四人の慰安婦の内、「糜爛（びらん）」などの疾患で接客ができない慰安婦は三人、発病率は約二一％であった。

【文書―42】検黴成績の件報告［イロイロ患者療養所］（昭和一七〔一九四二〕年五月二九日）

〔解説〕一五六～一五七頁の表は、昭和一七年五月二九日に二六日に続いて同じフィリピンのイロイロ患者療養所で実施された慰安婦たちに対する性病検査（＝検黴）の結果を憲兵隊に送った文書の一部で

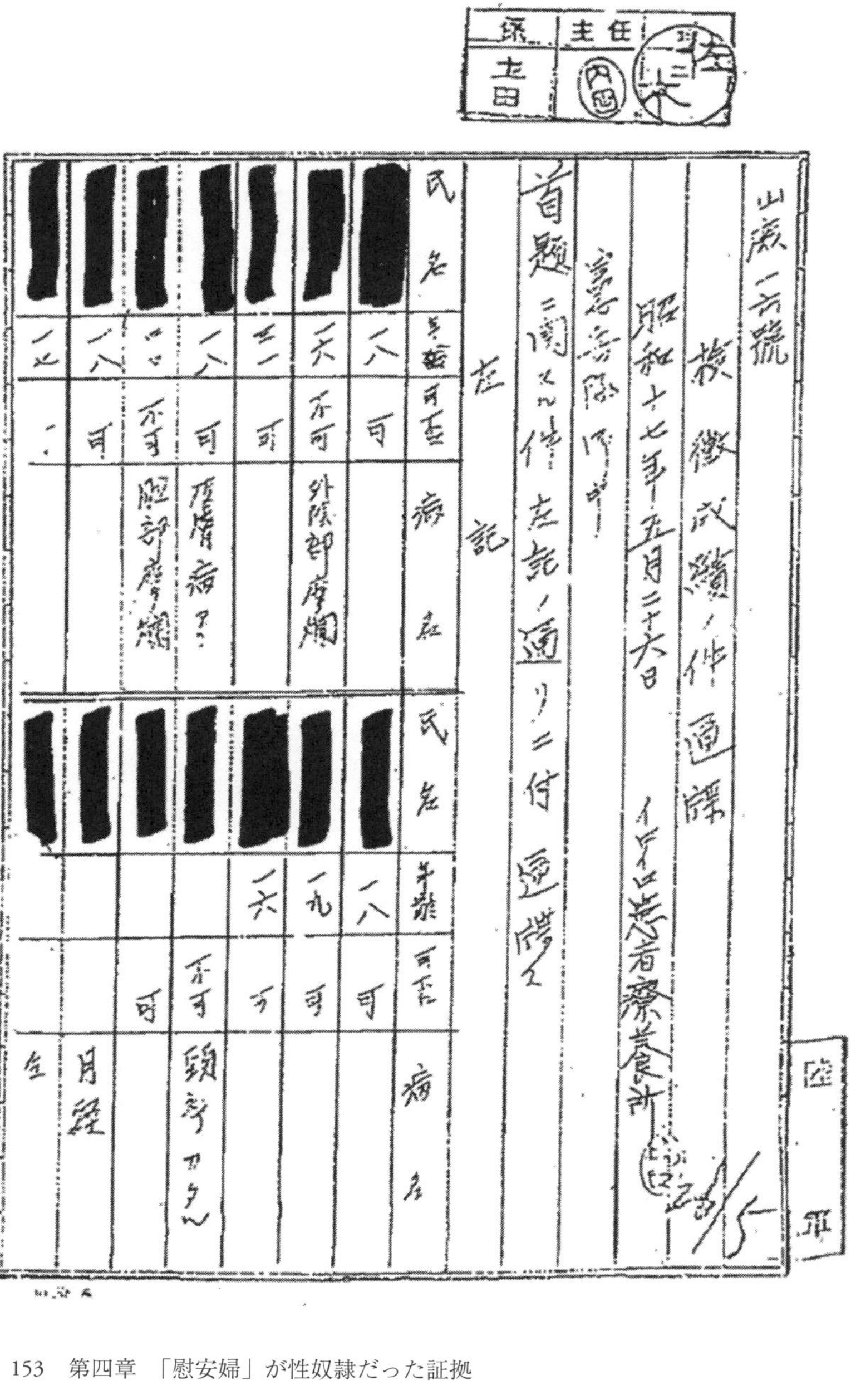

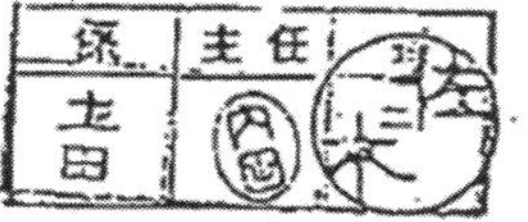

山瀬一六號

検黴成績ノ件通牒

昭和十七年五月二十六日

イロイロ患者療養所

菅谷部隊御中

首題ニ関スル件左記ノ通リニ付通牒ス

左記

氏名	年齢	可否	病名
■■	一八	可	
■■	一六	不可	外陰部糜爛
■■	二一	可	
■■	一八	可	糜爛病アリ
■■	二〇	不可	腟部糜爛
■■	一八	可	
■■	一七	〃	

氏名	年齢	可否	病名
■■	一八	可	
■■	一九	可	
■■	一六	可	
■■		不可	頭部カタル
■■		可	
■■			月経
■■			仝

［イロイロ患者療養所・検黴成績（昭和一七年五月二六日）］

ある。性病検査は一週間に一度ずつ行われていたから、この結果表は二六日に実施した慰安婦たちのものではなく、イロイロにおけるもう一つの慰安所の慰安婦に対する検査結果である。ここでは、最も幼い慰安婦は一五歳と記録されている。満でいえば一三歳か一四歳である。日本軍や日本政府が、二一歳未満は慰安婦として使わないという規定をいとも簡単に破っていることがよく分かる。

こういうところに慰安婦たちが性奴隷であったと言われる日本軍の非人道性があったと言わざるを得ない。この表から慰安婦の年齢構成を分類すれば次の通りである。

一五歳：一人、一八歳：一人、一九歳：二人、二〇歳：三人、二一歳：一人、二二歳：二人、二三歳：二人、二四歳：二人、二五歳：一人、二六歳：一人、二七歳：二人、三二歳：一人、合計：一九人。一九人の慰安婦の内、二一歳未満は七人である。この慰安所では、約三七％が二一歳未満であった。また、疾患のある慰安婦は一人であるため、発病率は五％である。

ここには多数の資料の内、二つの資料だけを挙げたが、日本軍慰安所には幼い少女たちが多数含まれていたことが確認される。二つの慰安所の合計では、約四八％が二一歳未満であり、疾病率は約一二％であった。

また二つの慰安所で、接客不可となった慰安婦の病名には女性器の「糜爛」または「カタル」と記されているが、「糜爛」とは医学的には皮膚や粘膜の表層が脱落してただれた状態をいい、「カタル」は粘膜が炎症を起こした状態をいう。これは接客数が多く、また兵士たちが乱暴に性行為を行ったために、慰安婦の女性器が重軽症を負った状態であったことを物語っている。

（出典：『政府調査「従軍慰安婦」関係資料集成』第三巻、四九～五一頁）

【文書―43】検黴成績に関する件［イロイロ兵站支部医務室］（昭和一七〔一九四二〕年九月二九日）

〔解説〕フィリピンのイロイロでは、その後、第一慰安所と第二慰安所が正式に設置された模様で、性病検査表には、第一慰安所と第二慰安所が明記されている。一五八頁の表は、前の文書―41と42で見た性病検査の実施日だった五月二六日と二九日から約四ヶ月後の九月二九日に実施した性病検査の結果表である。

検査の対象となった女性たちはその年齢構成から見て、五月の検査時とほとんど同じようである。変わった内容は、慰安婦たちの中に、淋病などの性病患者が多発している点である。

一五八頁の第一慰安所の表を見ると、一五人の慰安婦の中で六人が疾患で稼業不可の状態であり、病名は二人が「子宮頸管カタル」、一人が「子宮膣部糜爛」、三人が「淋病」であった。発病率は一五人中六人で、四〇%という高率である。五月の検診から四ヶ月が経過し、慰安婦たちが疾患によって苦しむ状況が増しているのである。

一五九頁の表は、同じ九月二九日に、イロイロの第二慰安所の慰安婦たちに対する性病検査の結果である。この表では、一二人の慰安婦の内で二人は休養中であり、一人は「外陰部湿疹」で接客不可である。そのため発病率は二五%である。

二つの慰安所の合計では一九四二年九月二九日の時点で、二二歳未満は約四一%という高率であり、発病率も約三三%という高率であった。特に「淋病」の病原菌は、兵士たちが持ち込んだものと思われる。この要因としては、性病を徹底的に管理する慰安所を設置しても、兵士たちが一般民家に侵入して現地の一般女性を強姦したり、民間の現地売春宿に立ち寄ったりする事例が多く報告されているため、外部からの病原菌を慰安婦たちに移したのが要因として推定される。

（出典：『政府調査「従軍慰安婦」関係資料集成』第三巻、八六～八七頁）

［イロイロ患者療養所・検黴成績（昭和一七年五月二九日）］

係 土田

山病第一八號

検黴成績ノ件報告

昭和十七年五月二十九日　イロイロ患者療養所（印）

憲兵隊御中

首題ニ関スル件左記ノ通リ通報ス

左記

氏名	年齢	病名	良否	摘要
■	二二才	ナシ	可	
■	一五	〃	可	
■	三二	〃	〃	
■	二六	〃	〃	
■	二三	〃	〃	
■	二〃	〃	〃	
■	二四	〃	〃	

二七	〃	〃	
一九	〃	〃	
二三	〃	〃	
二四	〃	〃	
二〃	〃	〃	
一九	〃	〃	
二〃	〃	〃	
二七			月経
二二	膣部糜爛	不可	
一八	ナシ	可	
二一	〃	〃	
二五			月経

([illegible])

［イロイロ第一慰安所検黴結果］

検黴成績ニ関スル件

昭和十七年九月廿九日

イロイロ兵站支部医務室（松村）

首題ニ関スル件左記ノ通リニ付通報ス

左記

氏名	年	可否	病名
[blacked out]	八	否	子宮腟管カタル
[blacked out]	三一	可	
[blacked out]	二六	可	
[blacked out]	一七	否	淋病
[blacked out]	二六	可	
[blacked out]	一八	可	
[blacked out]	一八	可	
[blacked out]	一六	可	

氏名	年	可否	病名
[blacked out]	一九	可	
[blacked out]	一六	否	子宮腟管カタル
[blacked out]	二五	可	
[blacked out]	二九	可	
[blacked out]	一九	否	淋病
[blacked out]	二五	否	淋病
[blacked out]	二一	否	子宮腟部糜爛

（以上オ一慰安所）

係	主任	長

［イロイロ第二慰安所検黴結果］

氏名	年	可否	病名
[illegible]	二五	可	
[illegible]	二六	可	
[illegible]	三一	休業中	
[illegible]	二三	仝	
[illegible]	二三	可	
[illegible]	二一	可	

氏名	年	可否	病名
[illegible]	一九	月経	
[illegible]	二三	否	外陰部湿疹
[illegible]	二四	可	
[illegible]	二六	月経	
[illegible]	二六	可	
[illegible]	二一	可	

（以上第二慰安所）

以上、性病検査表から分かる内容をまとめると、次の通りである。

1 日本軍慰安所では、非常に幼い少女まで慰安婦として動員されていた。確認できる最少年齢は、数え年で一五歳である。ここで検討した検査表からは、慰安婦の四〇%以上が二一歳未満であった。

2 慰安婦たちの間で発病率が高まっている。女性器の炎症、ただれなどに加えて性病である「淋病」が報告されているが、四ヶ月の間に発病率が約二五%から三三%に急増している。これは性病管理の失敗を意味し、特に外部から兵士たちの持ち込む性病菌には、慰安婦に対する性病検査は意味をなさなかったと推測される。

3 女性たちが発病するほど性行為が強制されていると見る他はなく、女性たちは性奴隷状態に置かれていた。

第三節　「慰安婦」の行動の自由を奪った日本軍

【文書―44】慰安所規定送付の件　［軍政監部ビサヤ支部イロイロ出張所］（昭和一七〔一九四二〕年一一月二二日）

〔解説〕この文書は、前記のフィリピン・イロイロにあった「第一、第二慰安所」の規定である。文書を見れば、これらの慰安所は軍人・軍属専用の軍慰安所で、軍政監部が監督していた。慰安婦たちは外出が禁止され、朝の散歩も定められた区域内でのみ許されていた。つまり慰安婦たちは、行動の自由を奪われた「性奴隷」という言葉ぴったりの生活を強いられていた。

さらにこの文書に、「慰安婦に対する暴行、脅迫を禁止する」という内容が記されているが、これはそのような事件が多く発生していたことを裏付けている。また、この文書に記載された亜細亜会館とは前記の第二慰安所を意味している。

号外

慰安所（亜細亜会館、第一慰安所）規定送付の件

昭和一七年一一月二二日　軍政監部ビサヤ支部イロイロ出張所

イロイロ憲兵分隊御中

首題の件を別紙のように送付する。

以上

慰安所規定［第一慰安所、亜細亜会館］

一　本規定は、フィリピンの日本軍政監部ビサヤ支部イロイロ出張所管理地区内にある慰安所の実施に関する事項を規定する。

二　慰安所の監督指導は軍政監部がこれを管掌する。

三　警備隊医官は、衛生に関する監督指導を担うものとする。接客婦の検黴は毎週火曜日の一五時から実施する。

四　本慰安所を利用できる者は、制服着用の軍人・軍属に限る。

五　慰安所経営者は左記の事項を厳守せねばならない。

1　家屋寝具の清潔および日光消毒

2　洗浄消毒施設の完備

3　コンドームを使わない者の遊興拒否

4　疾患のある慰安婦の接客禁止

5　慰安婦の外出を厳重に取締まる

6　毎日入浴の実施

7　規定以外の遊興拒否

8　営業者は毎日営業状態を軍政監部に報告すること

六　慰安所を利用しようとする者は左記の事項を順守せねばならない。

1　防諜の絶対厳守

2　慰安婦および楼主に対する暴行・脅迫行為の禁止

3　料金は軍票で前払いすること

4　コンドームを使用し、また洗浄を確実に実行して性病予防に万全を期すこと
5　フィリピンの日本軍政監部ビサヤ支部イロイロ出張所長の許可なく慰安婦を連れ出すことは厳禁とする

七　慰安婦の散歩は毎日午前八時から午前一〇時までとし、それ以外はフィリピンの日本軍政監部ビサヤ支部イロイロ出張所長の許可を受けねばならない。また散歩区域は別表一による。

八　慰安所使用は、外出許可証（またはそれに代わる証明書）を携帯する者に限る。

九　営業時間および料金は、別表二による。

（出典：『政府調査「従軍慰安婦」関係資料集成』第三巻、一九二頁）[41]

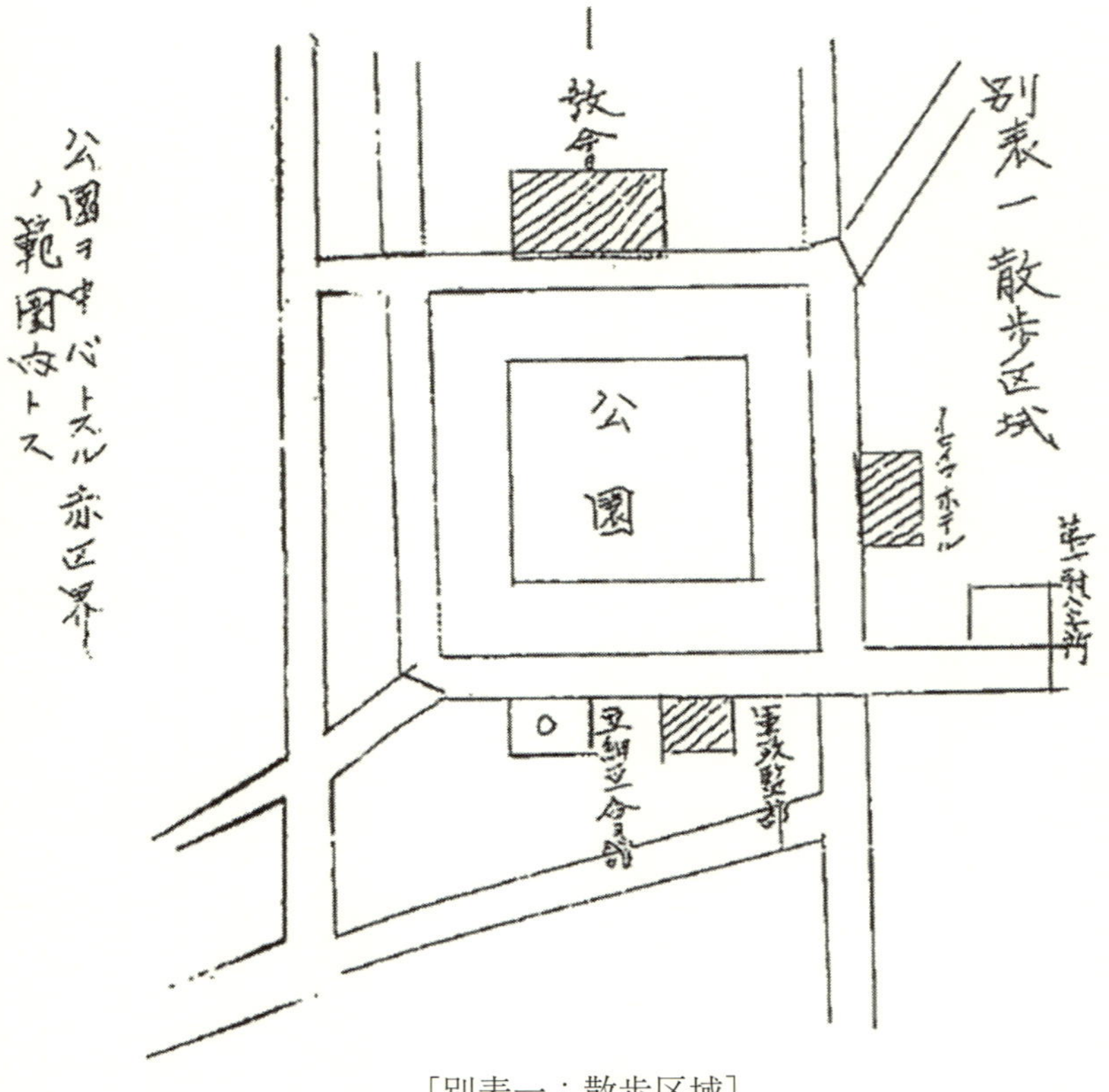

［別表一：散歩区域］

解説：慰安婦たちの散歩区域は、上の別表一のように公園を中心とした区域だけに厳しく限定されていた。
表には赤区界ノ範囲とされているが、入手した資料には、赤区界が明確ではなかった。しかし、散歩区域は、公園の周囲のみと思われる。

第五章　兵士たちによる強姦と「慰安婦」暴行の記録

第一節　日本兵による中国女性暴行

1　金沢医科大学教授・早尾乕雄の論文

早尾乕雄は、中支那派遣軍傘下の「上海第一〇兵站病院」予備陸軍の軍医中尉で、一九三七年から勤務し中国に一九三九年まで二年間滞在した。彼は日本では金沢医科大学教授であった。彼の任務は戦場の犯罪調査であった。そのため彼は特に「南京大虐殺」当時の上海と南京の様子を、自分の論稿に書き残している。まず最初の文章は、戦場で起きた日本兵の性欲に関する特異現象を、早尾乕雄が日本軍の軍医として研究したものである。中国で日本兵たちが性欲を抑制できない様子、強姦事件、慰安所の開設などについて、軍医としての意見を記録した。

それを見れば、軍医が驚くほど日本兵が戦場で平然と中国人女性を強姦したという内容が多く含まれている。研究によれば、日本兵の強姦犯罪を防ぐために慰安所を開設したとなっているが、戦地の女性たちに対する日本兵の強姦行為は減っていなかった。

そして彼は、「あのような多数の将兵の数に比べれば、慰安所の女性の数は少なすぎる」と書いている。そういう早尾の訴えもあってか、日本本土・朝鮮・台湾などで慰安婦を大幅に増員するために、一般女性をだます手口で慰安婦として戦場に動員したと思われる。慰安婦の需要が多かったために、略取や誘拐などで動員する募集手法が横行したが、日本政府はそれに便宜を提供したのである。

早尾乕雄は中国での経験が非常に衝撃的だったのか、大学教授として復帰した後、精神的な苦痛を受けて大学の講義もままならなかったと伝えられる。

2　関連文書で見る日本兵たちの戦場での特異現象

【文書―45】戦場生活での特異現象とその対策［早尾乕雄］（昭和一四〔一九三九〕年六月）

戦場生活での特異事項

（中略）

十七　性欲と強姦

出征者に長い間性欲を抑制させることは、自然に中国の婦女に暴行することにつながるだろうと考えて、兵站は気を利かせて中国の中部にも早速慰安所を開設した。その主な目的は性欲を満足させることによって将兵の気分を和らげ、皇軍の威厳を傷つける強姦を防止するところにあった。

慰安所の急な設置は確かにその目的の一部を達成した。しかしあのような多数の将兵に比べれば、慰安所の女性の数は少なすぎる。上海や南京などには、慰安所以外にも性欲を満足させる道が開かれているため、慰安所の不足している地方、または前線に慰安婦は送りだされたのだが、それでも地方でも強姦の数はかなりあり、また前線でも多く見られる。これはまだ女の供給が不足しているのが原因であることはもちろんだが、やはり留学生が西洋女に興味を持つのと同じで、中国の女だから好奇心がわくと同時に内地（日本本土）では到底許されないことが、敵の女だから自由だという考えが大きく働いているために、中国娘を見ると憑かれたように引きつけられていく。したがって検挙された者はそれこそ不幸で、検挙されない者はどれほどあるか解らない。

憲兵の活躍がなかった頃、それも中国兵によって荒らされずにほとんど抵抗もなく日本兵の通過が自由だった市町村周辺は、中国人も逃げずに多かったので相当な被害があったという。さらに部隊長は、兵士の元気のためには必要だと言って知らん振りをしたことすらあった程である。

そのため中国人は日本兵を見れば、娘をどこかに隠す。上海に残留した日本人は中国人と西洋人の前で、日本の軍人は礼節をとても大切にするから、中国の婦人たちを犯すようなことは断じてないと予め吹聴したものだった。ところが実際はそれと違っていたので、中国の良民が日本兵を大いに恐れて、若い女たちは逃げ隠れて影もないようだったそうである。

一方、南京の避難民区では糊口の道を得るために昔の夜鷹のように、若い中国の婦女たちが枕や敷き物だけを携えて、昼夜、兵士の宿舎に現れるようになったので、風紀が乱れたこともあった。

こうなると憲兵の方も強姦か和姦かの区別を考えざるを得なくなり、万一その場所に敷き物の代用品があったり、中国の婦人が日本のお金を持っていた事実が認められれば和姦として扱うようになり、強姦の数は実際よりは少なくなったという。敵国人という感が動くため無償で行って、金を要求された時に追い払ったりするので、自治委員会から告訴されて恥をかく例も少なくない。

勝利者であるために、金銀財宝の略奪は言うまでもなく敵国の婦女子の身体まで汚すことは、誠に文明人のなすべき行為とは考えられない。東洋の礼節の国と誇る国民として誠に恥ずかしいことである。昔の倭寇は、上海に上陸して南京に至るまでこのような暴挙を犯したために、非常に野蛮人として卑しめられ嫌われたというが、今でもなお同じことが繰り返されるとは何という恥辱であろうか。憲兵の活躍でそれを一掃し、皇軍の名誉回復に努めていることは、感謝に堪えない。

次に強姦事件の事例を列挙する。

（一）ある兵士は兵站病院を退院し原隊に復帰する途中、泥酔して所属部隊宿舎付近の中国家屋に侵入し、その家二階にいた中国婦女（当時、二一歳）を強姦した。

（二）兵士二人（A・B）は他の一人（C）を誘って外出した。Aは中国婦人（当時、二〇歳）を見て情欲を覚えて強姦しようと思ってCにその女性を近所の空き家に連れて行かせ、CにCの携帯する小銃を一発発射させて、また着剣した剣の先をその女性に突きつけて脅迫させ、その女性が恐怖に震えるのを見てから近くの民家へ連れ込んで強姦した。BはAが目的を達成したことを知ると、Aが出て行った後、同じ女性を強姦した。

（三）ある兵士はある中国の民家に立ち入ったとき、その家の娘（当時、一六歳）が兵士を見て怖くて逃げようとすると、それを捕らえて強姦した。それだけでなく、翌日も行ってまた強姦した。

（四）ある兵士は泥酔して無断で外出し、中国婦人某（当時、四九歳）の家に侵入し、携帯した軍刀を抜いて脅迫した後に強姦した。

（五）ある兵士は、加給の酒に酔って戦友と一緒に外出し、中国婦人某（当時、四二歳）を認めて強姦するつもりでその家に侵入し、その女性に性交を要求した。その女性が日本兵を恐れて抵抗できないことに乗じて姦淫した。

（六）ある兵士は、中国の酒に酔って中国の店に立ち寄り、焼き鳥を食べていた時、その隣にいた中国の少女（当時、六歳）を見てその少女が一三歳未満であることを認識しながらも姦淫するつもりでその少女を抱いて室内に入り、少女の父親に銃剣を突きつけながら退出を命じ、少女を姦淫しようとしたがまだ少女であるために目的を達成できず指を入れて押し開こうとし、負傷を負わせた。

（七）ある兵士は、武装して街頭に出て、中国の民家の門を蹴り外し家の中に侵入して隠れていた中国女性（当時、一六歳）を発見すると、その女性に銃口を向けて脅迫し姦淫した。その後、その女性を宿舎に連れて行き、「家に帰ったら殺す」と脅して不法監禁をした。その間、抵抗できないことを利用して姦淫した。翌々日その女性の家に侵入し、怖くて隠れているその女性を探し出し強姦した。

（八）ある兵士は戦友二人と一緒に中国の酒やビールを飲んだ後、中国婦人を探して輪姦した。

（九）ある兵士は、歯科治療の帰りにビールを飲んで酔いに乗じて、中国人の家屋にノックして入った。男がお茶を出してくれた。外で話声がするため、着剣して警戒しようとするときだった。その時に女性とぶつかったかも知れないと言ったが、それはうそで強姦未遂だった。

（十）ある兵士は道路沿いの中国家屋に入ると、母親と娘がいた。娘に要求すると承諾した。母親はそれを見て出ていったので、その娘を姦淫しようとしたが発育していなかったのでできなかった（娘は一〇歳位）。そのまま帰った。娘に部隊に来たら残飯をやるからと言って部隊名を書いておいたので憲兵に捕まった。

以上述べたような例は他にもたくさん挙げられる。強姦しても容易には発覚しないだろうと考えるのは大きな間違いで、こんな知られやすい事柄はないと法務部当局は兵士たちに注意したが、まったくその通りである。

日本の軍人はなぜこのように性欲に理性が保てないのかと、私は大陸上陸と共に痛嘆し、戦場生活一年を通じて終始痛感した。しかし軍当局はあえてこれを不思議と思わず、さらにこれに対する訓戒は聞いたことがない。

しかも軍経営の慰安所を積極的に設置し、軍人のために賤業婦を提供した。そして娼婦の性病を軍人の間にまん延させた。そして遂にそういう者たちだけを収容する兵站病院を作る必要が生じた。また性病を治療する期間は軍への帰還を停止した。兵士だけにそのように厳しくしたが、むしろ将校たちの間で性病が広がっていた。若い将校だけでなく上長官の中にも患者がいて、軍医の秘密治療を受けている。性病を中国人からもらわないように慰安所を設置し、日本人や朝鮮人を娼妓として使いながら、皮肉にも彼女たちが性病を広げた。

軍当局は、軍人の性欲は抑制が不可能だとして、中国の婦人を強姦しないようにと慰安所を設置した。しかし強姦はひどく盛んに行なわれており、中国の良民は、日本の兵士を見れば必ず彼らを恐れた。

将校は率先して慰安所に行き、兵士にもこれを勧め、慰安所は公用と定められた。心ある兵士は慰安所の内容を知って軍当局を冷笑したほどである。しかし慰安所に行けない位の兵士は気違いだと罵った将校もいた。

このように戦場生活は殺風景で気が荒くなるため、これを抑えるためには当然、兵士に女を抱かせるより良い方策はない。しかし日本の軍人が戦争に来て、大きな顔で暇さえあれば慰安所に通うのを見て、中国人たちは笑っていた。

上海に上陸したその日、どこに行けば女が買えるのかと在留日本人に聞くというので、日本の兵士たちは戦争に来たのじゃないのかと反問しているのを聞いた。

上海でも南京でも日本の着物姿の婦女を見ると［日本兵士たちは］ゲラゲラ笑って恥も知らない。相手が家庭の婦人であれ、売笑婦であれ、揶揄（やゆ）するのに区別がない。慰問に来た女学生や婦人に向かって平気で無礼な動作をしたりそのような声をかける。なぜ軍人はこのように性欲に飢えていて、また抑制する気持ちがないのかと思う。海軍の軍人は決してこうした姿を見せないのは、海軍の軍人の普段の教育がいいからと思われる。

こうして陸軍の軍人は性欲の奴隷のように戦場を荒しているので、強姦が頻発することもやむを得ないことと思われた。

宣撫（せんぶ）班も一方では大きな成果をあげながら、一方ではこれを破壊するような破廉恥な行為が行われる。すなわち、強姦と金品の脅迫である。これはその職を利用する無頼漢が通訳として入り込んでいるからである。このような不道徳な行為のため、大切な宣撫事業が妨げられることが少なくないと私は聞いている。

（後略）

（出典：『政府調査「従軍慰安婦」関係資料集成』第二巻、六六〜七四）

【文書—46】早尾乕雄「戦場神経症ならびに犯罪について」(42)

〔解説〕ここでは、早尾乕雄の他の論文の一部を紹介する。やはり、早尾氏が中国で体験した内容を基にしたもので、旧仮名使いを新仮名使いに直した。

（三）犯罪の種類

官憲の取締行き届かざりし頃は、放火・掠奪・殺人・窃盗・強奪・強姦など、あらゆる重犯行為思うがままに行われつつありしが、取締厳となると共に放火は漸次数を減したるを見たり。必要上の放火よりは遊戯的放火の少からざるを見たり。殺人行為も減少せり。姦したる後にこれを殺したる例もその目撃者より聞けり。掠奪・強奪も見られたるも、漸次減少しつつあり。

これに反して奇異なる現象は、休戦期間の続くと共に戦友間の傷害が目立ちて多くなり、支那人強姦例は殆ど数を挙げ得ざる程の多数に上り、詐偽・脅迫・強奪・服飾潜用などの如き犯罪をも見るに至れり。犯行は次第に在留邦人にも向けらるるに至れり。就中傷害犯の多きこと、しかもこれが皆飲酒の上に行われる事については、兵の精神教育の不徹底を疑わざるべからざる所なり。彼らは酒を飲めば戦功を誇り、高名話を競う傾きあり。これについては何ら怪しむに足らざるも、その結果は必ず銃剣を抜き対手を威嚇する者甚だ多し。その終局は傷害を来たすものなり。またいたずらに衆人を前にして日本刀を抜き虚勢を示し、支那人を何人切りしたなど、高言を吐く将校も幾人か目撃せり。在留邦人は飲酒の上剣を抜き威嚇なすは軍人の常の如く考えるに至り、陸軍軍人を猛獣の如くに怖れつつありとの文句さえ読みしことあり。

在留邦人の冷淡を憤慨なす者もあれど、功績赫々たる聖戦参加の将兵が如何に万死に一生を得たりといえども、上海において「ダンス」に興じ下等なる売笑婦に戯れ、あるいはいたずらに剣を抜きて人を傷つけ、あるいは拳銃を発砲して傷害し恐喝し、あるいは無銭飲食なすなど、到底内地人の夢想だもせざる痛恨事なり。上海は実に犯罪都市と化したる観あり。南京またこれに次がんとする有様なり。実に日本軍人の堕落と言わざるべからず。

【文書―47】支那事変の経験から見た軍紀振作対策　［陸軍省副官］（昭和一五〔一九四〇〕年九月一九日）

〔解説〕この文書は、一九三七年七月に始まった日中戦争の教訓を記録した文書であり、性的慰安に対する指導・監督を促す内容が書かれている。この文書が作成された一九四〇年九月、日本軍は二三日に北部インドシナに進駐し、二七日に日本はドイツ・イタリアと三国同盟を締結した。三〇日には米国が日本に対する鉄鋼などの輸出を禁止した。このような状況で、日中戦争は長期化の様相を呈していた。

この文書は、日中戦争の開始から一九四〇年九月までの日本兵の違法行為の実態を紹介し、軍隊の慰安施設強化を勧告したものである。すなわち、日本軍が直接慰安所を経営したという証拠の一つである。そして戦地での中国人に対する日本兵の略奪・強姦致死傷、暴行、放火、惨殺などの犯罪事実が記録されている。

部外秘
陸密第一九五五号

支那事変の経験から見た軍紀振作対策

砲銃隊本部

本書は支那事変の経験に基づき、軍紀振作上、主に軍隊で注意すべき事項を記述したもので、内容はさらに推敲する余地があるが、教育指導の参考として印刷することとした。

（中略）

五　事変地では特に環境を整理し、慰安施設に関して周到な考慮を払い、殺伐とした感情や劣情を緩和抑制することに留意が必要である。

環境が軍人の心理さらには軍紀の振作に影響があることについては、付言する必要がない。そのため、兵営（宿舎）の居住設備を適切にし、慰安の諸施設に留意する必要がある。特に性的慰安所で受ける兵士の精神的影響は最も率直で深刻であり、その指導・監督の適否は士気の振興・軍紀の維持・犯罪および性病の予防などに影響することが大きいと考えなければならない。

（中略）

二　略奪、強姦、賭博などについて

支那事変の勃発から昭和一四年末に至る間に、軍法会議で処罰された者は略奪・同強姦致死傷四二〇、強姦・同致死傷三一二、賭博四九四に達しており、その他、中国人に対する暴行・放火・惨殺などの行為も散見される。

この種の事犯は、皇軍の本質に反する悪質犯であり、軍紀を乱すだけでなく、事変地民衆の抗日意識をあおって治安工作を妨害し、中国側および第三国の宣伝資料に利用されて、皇軍の声価を損なう。ひいては対外政策にも不利な影響を及ぼし、聖戦の目的遂行を阻害するなど、その弊害は誠に大きい。軍隊幹部は、部下の教育指導を適切にし、特に今回の聖戦の目的を末端の兵士に至るまで徹底させ、その行動をこれに即応させるとともに、慰安その他の諸施設を強化するなど、各種の手段を講じてこの種の犯行を防ぎ、皇軍の真価を発揚することが重要である。

（後略）

（出典：防衛省防衛研究所、文書名「支那事変の経験より観たる軍紀振作対策[43]」）

【文書―48】歩兵第四一連隊　陣中日誌（昭和一三〔一九三八〕年）

〔解説〕この文書は、古く一八九六年に創設された「歩兵第四一連隊」の記録である。一九三八年、歩兵第四一連隊は、北支方面軍第五師団に属する軍部隊だったが、山東省、河南省などで戦闘に参加した。この文書は、兵士に中国女性を強姦しないよう求め、強姦を防止するために性的慰安設備を備えなければならないと推奨している。

歩兵第四一連隊　陣中日誌（昭和一三年七月一日～七月三一日）

歩兵第四一連隊

（前略）

三　由来、山東・河南・河北南部などにある紅槍会・大刀会およびこれと類似した自衛団体は、古来軍隊の略奪・強姦行為に対する反抗が熾烈であった。特に強姦に対しては各地の住民が一斉に立ち上がって死を以って報復するのが常である（昭和一二年一〇月六日、方面軍が配布した紅槍会の習性について、参照）。したがって各地に頻発する強姦は単に刑法上の罪悪にとどまらず、治安を害し、軍全般の作戦行動を阻害し、災いを国家に及ぼす重大な反逆行為と言わなければならない。部下統率の職責にある者は国軍国家のために泣いて馬謖（ばしょく）を斬り、他人をして戒心させ、そのような行為の発生を絶滅することが必要である。もしこのような行為を不問に付す指揮官がいるならば、これは不忠の臣と言わざるを得ない。

四　右のように軍人個人の行為を厳重に取締るとともに、できる限り急いで性的慰安の設備を整え、設備がないために不本意ながら禁を破る者がないようにすることが緊要である。

（後略）

（出典：『政府調査「従軍慰安婦」関係資料集成』第二巻、三三三～三三六頁）

【文書―49】陣中日誌　独立攻城重砲兵第二大隊第二中隊（昭和一三〔一九三八〕年）

〔解説〕この文書は、中支那派遣軍所属の独立攻城重砲兵第二大隊の、一九三八年一月の陣中日記である。文書を見ると、一九三八年一月二六日付の記録に九歳の女の子に性的暴行を加えた日本兵に関する記録がある。調査の結果、その女の子は性病にかかったと確認されたが、おそらく日本兵が暴行する過程で女の子に性病を伝染させたものと推定される。

九歳の中国人を性的暴行するほど問題のあった日本兵士がいたという文書だが、この文書はそれだけでなく日本人兵士たちに中国人の民家に入らないこと、中国人を暴行しないことなどを促している。それは、そのような事例が多かったことを示唆しており、当時、この部隊が駐留した上海や南京での日本兵の行動が非常に問題であったことを示している。

自昭和一三年一月一日　至同年一月三一日

陣中日誌　独立攻城重砲兵第二大隊第二中隊

（中略）

一月二六日

第四野戦病院

一　昨日九歳の女児に暴行した者がいる。

調査の結果、この女児は花柳病に感染していた。この事件を考慮し、各部隊は花柳病患者に注意すること。

二　兵站の娼婦のうち、検査に合格した者は合格票（木札）を持たせるので注意すること。

宣撫班

一　中国の民家に立入らないこと。

二　中国人に暴行しないこと。

三　軍票の価値を認識させること。

四　良民の戸籍簿を作成するので、付近の中国の住民に戸籍を登録させること。

（後略）

（出典：『政府調査「従軍慰安婦」関係資料集成』第二巻、二二九～二三二頁）

［証言―⑥］占領地域での日本軍による中国人女性狩り

一九四〇年八月、中支那派遣軍は中国湖北省の東の半分ほどを占領した。同地域で日本軍は占領した地域の中国人官吏たちに慰安婦連行を強要した。この文章はこうした蛮行を行った独立山砲兵第二連隊に所属していた溝部一人が自費出版した『独山二―もう一つの戦争』に記録されたものである。

実際に次の文を書いたのは軍医だった山口時男で、著者の溝部は山口元軍医の一九四〇年八月一一日付の日記を引用している。占領地の女性たちに対する日本軍の売春強要という蛮行を知らせる証言である。

> さて、局部の内診となると、ますます恥ずかしがって、なかなか褌子(クーツ)［ズボン］をぬがない。通訳と［治安］維持会長が怒鳴りつけてやっとぬがせる。寝台に仰臥位にして触診すると、夢中になって［私の］手をひっ掻(か)く。見ると泣いている。部屋を出てからもしばらく泣いていたそうである。
> 次の姑娘(クーニャン)も同様で、こっちも泣きたいくらいである。みんなもこんな恥ずかしいことは初めての体験であろうし、なにしろ目的が目的なのだから、屈辱感を覚えるのは当然のことであろう。保長や維持会長たちから、村の治安のためと懇々と説得され、泣く泣く来たのであろうか。
> なかには、お金を儲けることができると言われ、応募したものもいるかも知れないが、戦に敗れると惨めなものである。検診している自分も楽しくてやっているのではない。こういう仕事は自分には向かないし、人間性を蹂躙(じゅうりん)しているという意識が念頭から離れない。(44)

この証言は、日本軍が占領した地域では、その地域の指導者級の人々に要請して女性たちを集め、強制的に慰安婦にする方法を取っていたことを示している。日本軍の「要請」は、言うことを聞かなければ命が危ういので断ることができない「強制」であった。

漫画家水木しげるも、中国占領地での日本軍の中国女性狩りを『姑娘(クーニャン)』（二〇一〇年、講談社文庫）という作品の中で次のように告発している。

マンガの展開を概略すれば、次のようになる。ある中国の農村に侵入した日本兵たちは、一般民家に入り込んで若い女性を物色する。さらに兵隊たちは村長の家に入って、若い娘を意味する「姑娘」はどこにいるかと詰問する。村長は、女はみんな婆さんしかいないというが、兵隊たちは乱暴にも村長の家の中に拳銃を何発か発射して、娘がいないか、家具の動きを見る。

そして、ついに大きな箱の中に隠れていた娘を捜し出す。村長夫婦が泣きながら連れて行かないでほしいと訴え、集まった村人たちもそう訴えるが、兵隊たちは「うるさい！」と怒鳴って、有無を言わさずに娘を連行するのである。中国での日本兵の蛮行は目に余るものがあった。戦利品となった人間はどのように扱ってもいいというのが、当時の日本軍人たちの常識であったのである。

第二節　危険にさらされる「慰安婦」たち

1　「慰安婦」と無理心中を図った日本兵

軍慰安所に入れられた女性たちは、常に危険と向かい合わせだった。軍と一緒に移動するために、戦闘によっていつでも死ぬ危険がある。それだけでなく、武器を携帯している軍人たちを相手にしなければならない。そのため、特に泥酔した兵士たちによって、慰安婦たちが暴行された事件が「軍人の非行表」などによって確認されている。

ここで見る文書は第一三師団の作成した文書である。第一三師団は日露戦争の時に編成され、日中戦争の時に再び編成された。そして日本軍の南京攻略に加わり、南京大虐殺に加担したのである。その後、第一三師団は、一九三八年二月に中支那派遣軍に所属するようになる。

第一三師団下の歩兵隊に所属したある日本兵は、河北省宜昌にあった慰安所の朝鮮人慰安婦を慕って同居を求めたのだが、断られて憤慨し、慰安婦に向けて銃を撃って重傷を負わせ、自分はその場で自殺を遂げてしまった。この文書は、その事件の顚末を記した報告書である。日本兵が朝鮮人慰安婦に恋愛感情を持った事例がいくつか報告されているが、そういう場合も兵士の求婚や交際要求を断れば、慰安婦が極めて危険な立場に陥らざるを得なかった状況であったことをこの文書は示している。

戦場で銃剣や拳銃を所持している軍人たちに対し、慰安婦にされた女性たちは常に恐怖心を持って対していたと考えられるため、だまされたり強制的に連行されて慰安婦になるしかなかったにもかかわらず、慰安婦被害者たちは日本軍の人権蹂躙犯罪に声を上げて抗議できない絶対的弱者の立場に置かれていたことを、この文書は知らせている。

2　関連文書で見るある「慰安婦」の受難

【文書―50】特別報告のうち軍人変死の件報告［第一三師団長］（昭和一七〔一九四二〕年三月）

特別報告のうち軍人変死の件報告

一　官等級　陸軍一等兵
二　氏名　昭和八年徴集　□□□
三　所属部隊　歩兵第一一六連隊本部
四　月日時　三月一三日二三時
五　場所　河北省宜昌県宜昌市二馬路
六　手段　連隊行李班長代理石島兵長の二六年式拳銃（弾薬二三発共）で自殺する。
七　平素または変死前後の参考事項

1　昭和一七年一月ごろから紫金嶺慰安所「万」の慰安婦（半島人）「百合子」と遊興を続け、遂に将来の同棲を決心した。ちょうど部隊の配備変更に伴って宜昌に移動し、三月一二日、宜昌の二馬路飲食店「大阪屋」ですでに紫金嶺から宜昌の慰安所「万」支店に引き揚げて来ていた「百合子」と密会し、本人が除隊して現地で就職する時まで「大阪屋」の女給として奉公するように、速やかに慰安婦を廃業することを要求したが、「百合子」からは即答がなかった。

それで翌日一三日の再会を約束し、一三日の夕方の点呼の後に、連隊行李班長代理石島兵長が馬小屋の巡察のために不在だったのに乗じて、彼の居間から二六年式拳銃（弾薬二三発共に）を持ち出して無断で外出し「大阪屋」に赴いた。そして「百合子」を呼び出して、前日の要求に対する確答を迫ったが拒絶され、興奮のあまり二一時一五分ごろに所持してきた拳銃を発射して「百合子」に重傷（右胸部盲管銃創）を負わせて彼女が倒れるのを見た後、自分の咽喉部を自ら撃ち貫いて瀕死の重傷（咽喉部盲管銃創）を負った。
その後、第四野戦病院の林・宮内両軍医少尉の手当を受け、第四野戦病院に移送中の二三時に絶命した。

八　原因　将来同棲を考えた慰安婦からの同意が得られないことを別に情夫がいると邪推して嫉妬・曲解・興奮したことによると認める

九　故意または不可抗力の区別　故意

十　既遂・未遂の別　本人は絶命したが被害者は全治約一ヶ月を要する見込みで、現在、第四野戦病院に入院中。

十一　処置　三月一三日二二時ごろ、宜昌憲兵派遣隊からの右の事件の通報に接して連隊本部日直士官渡辺曹長が現場に行き、次いで西村副官が駆け付けて、調査の上、死体を引取り、翌一四日一二時に火葬した。

十二　責任者の処分　連隊長は、連隊副官の西村少尉の監督指導が適切さを欠いていたことにもよるとして、軽謹慎二日に処して将来を戒めた。

（後略）

（出典：防衛省防衛研究所、文書名「特別報告中軍人変死ノ件報告[45]」）

3　軍人非行表に見る軍人たちの「慰安婦」関連非行

【文書―51】陸軍軍人軍属非行表［中支那派遣憲兵隊司令部］より抜粋（昭和一六〔一九四一〕年一一月）

●中支那派遣軍高尾部隊加藤隊・現軍曹一人
一一月三日、時間を延長して外出中に泥酔して二〇時ごろ、慰安所に入って暴行、店内に乱入する。

●中支那派遣軍松竹部隊・松第三部隊本部・現軍曹一人
一一月二日、飲酒後に慰安所に入って花券を購入せずに登楼しようとしたが、酌婦が応じなかったため激昂して酌婦を殴打・暴行した。

●中支那派遣軍森戸部隊高橋部隊益田隊・補一人
一一月五日、歯科治療のために武昌に出張中、飲酒の上無断で外出し、慰安所に入って遊興しようとしたが、休業中だと慰安婦に断られて憤慨し、その慰安婦を路上に連れ出して殴打した。

（出典：『政府調査「従軍慰安婦」関係資料集成』第二巻、一一九～一二六頁）

【文書―52】憲兵干與邦人（朝鮮人・台湾人を含む）**犯罪表［中支那派遣軍憲兵隊司令部］より抜粋**（昭和一六〔一九四一〕年一一月）

●自殺幇助・住所上海東宝與路一二五号・遊郭業酌婦　当年二六歳
昭和一六年一〇月二五日、軍属□□□（当年二五歳）から情死を迫られてこれに同情し、□□□を購入してきて「カルモチン」を嚥下して軍属□□□だけ死亡。酌婦は未遂に終わった。

（出典：『政府調査「従軍慰安婦」関係資料集成』第二巻、一一八頁）

【文書―53】陸軍軍人軍属犯罪表［中支那派遣軍憲兵隊司令部］より抜粋（昭和一六〔一九四一〕年一二月）

●軍中逃亡・公（私）文書偽造行使・服飾僭用

中支那派遣軍高森部隊本部・本籍長崎県南高示郡□□□当年二九歳・昭和一七年一月上旬から二月六日まで

1 長沙作戦参加の途中、当陽慰安所の情婦を慕うあまり、七月一八日に自己の疾病を誇張して受診に行くと称して前記の情婦を訪ね、同月二七日に急性大腸炎で入院するまで、軍中で理由なく約八日間責任から離れた。

2 さらに大腸炎を治療し退院した後、前記の情婦を訪ねて遊興し、その後軍医が作成すべき公文書を偽造して入院。一〇月六日に治療退院後、憲兵に逮捕されるまで、軍中で理由なく約五四日間責任を遂行せず。

3 前記入院中の公用証を偽造し無断で外出する。

4 妻がいるにもかかわらず、前記の情婦に結婚すると詐称し、支払う気もなく続けて遊興した花代七三八円を詐取する。

5 また情婦の歓心を買おうと兵站支部と野戦病院に行って私文書を偽造し使用して、多量の衛生材料を交付してもらい情婦に渡した。

6 外出時は常に軍曹の襟章を付けて服飾を僭用した。

（出典：『政府調査「従軍慰安婦」関係資料集成』第二巻、一三二～一三三頁）

【文書―54】陸軍軍人軍属犯罪表［中支那派遣軍憲兵隊司令部］より抜粋（昭和一六〔一九四一〕年一二月中）

●中支那派遣軍古西部隊朝比奈隊・現上等兵一人

一二月四日、許可外出して泥酔し、慰安所に行って休業中の慰安婦に接客を要求して拒否され同慰安婦を殴打暴行する。

●中支那派遣軍栄九八七五部隊・現一等兵一人

一二月二〇日、許可外出中、泥酔して中国人慰安所で理由なく火鉢一つ、ガラス三枚、格子戸の一部を破壊（破壊額約二〇円程度）して帰途。銃剣を路上に放置する。

●中支那派遣軍大久保部隊北沢隊・軍属一人、山本省部隊岳州支隊・軍属一人

一一月二五日、特殊慰安所で泥酔して同慰安所を破壊するなど暴行をした。

●中支那派遣軍佐藤武部隊・山上部隊斎藤隊・補助兵一人

一一月三〇日、許可外出して泥酔し、慰安所街を徘徊（はいかい）して酒の勢いに乗じて慰安婦二人を暴行する。

●中支那派遣軍斎藤部隊梅村隊・予備役兵長一人

一一月二九日、泥酔して許可外出し、前から知り合いの軍慰安所に行って主人に二〇〇円を借りようとして断られると、酒の勢いに乗じて主人と慰安婦を殴打する。

（出典：『政府調査「従軍慰安婦」関係資料集成』第二巻、一三五～一三七頁）

第六章　「慰安婦」強制連行の実例

第一章から第三章では、日本軍と日本政府がいかなる法的な根拠を作って、女性たちを日本本土・朝鮮・台湾から戦地に連行したのかについて、当時の中国や南方占領地への女性たちの渡航手続きを中心に検証し、第四章では慰安婦が性奴隷であったことを示す文書、第五章では、戦場での兵士たちの危険な行動を中心に見てきた。

この章では様々な証言を通して、日本軍と日本政府の詐欺・略取誘拐手法について検証する。この章に用いる資料として、現在までに元日本兵やその関係者たちが出版した書籍の中の文章や、インターネットに紹介された証言などを引用した。

第一節　略取誘拐された女性たち――元日本軍人の証言

［証言―⑦］漢口慰安所で強制的に「慰安婦」にされた女性

ここで扱う内容は、日中戦争時に中国の漢口にあった戦捷館という慰安所で軍医を務めた長澤健一が彼の体験を記録した『漢口慰安所』に掲載した実話である。

日本のある地方で、軍人の慰問に行かないかと誘われて中国漢口の軍慰安所に連れて来られたある女性が、現地に来て慰安婦にされるということをはじめて知って激しく抵抗する。この話は、業者が女性に「軍人の慰問」といってだました実例である。

業者の言葉をそのまま信じた女性は、居住地所轄の警察署長から「軍人慰問」の名目で渡航身分証明書を発給してもらって、その身分証明書によって中国に渡航してきたのである。法的には「軍人慰問」。しかし実際はだまされて現地で慰安婦にされた典型的な例である。

こんなことはしたくないと「売春」行為を拒むその女性を、業者と慰安所の抱主は無理やりに慰安婦にしてしまう。それを見ていた軍医はその女性に同情はしながらも、結局いかなる救いの手も差し伸べていない。軍医は、借金を作ってきたのだから仕方ないというような記述までしている。

この実話は、日本や朝鮮、台湾からいかにも表面上は法的には問題ないが、実は真っ赤なうそにだまされて連行された女性たちの事情を、軍医が、つまり軍が知りながらも放置した実例である。

さらにこの文章の中で、軍医であった著者は被害者の女性が日本から来たと書いたが、その女性が内地人なのか朝鮮人なのか、それとも台湾人なのかについては明記しなかった。その女性は「なまりの強い言葉を使ったと著者は記したが、「なまり」とは方言というよりは標準語と違うイントネーションや発音を言うので、当時この女性が日本で暮らしていた朝鮮人や台湾人であった可能性も否定できない。

週に一度の検査日のことである。その日も、検査は順調に進んでいた。（中略）突然、女たちの流れが止まってカーテンの外側がざわめきはじめた。女の泣き声やなだめる声が聞こえる。しばらく待っても誰も入ってこないので、私はいらだってカーテンの外側に出てみた。半円形に立っている女たちの真ん中で、戦捷館の「二階回り」が見慣れぬ若い女の手を取って引ったてようとしている。若い女は尻を引っ込め、二つ折りになったような格好で後ずさりしている。女は私の姿を見ると、追いつめられた犬のようなおびえた顔をし、いっそう尻ごみした。

私は二階回りに手を離させ、カーテンの内側に誘って事情を聞いた。女は昨日午後、内地から来たばかりで、今日検査を受け、あしたから店に出すことになっているが、検査を受けないと駄々をこねて困っているという。

私は女も呼び入れた。赤茶けた髪、黒い顔、畑からそのまま連れてきたような女は、なまりの強い言葉で泣きじゃくりながら、私は慰安所というところで兵隊さんを慰めてあげるのだと聞いてきたのに、こんなところで、こんなことをさせられるとは知らなかった。帰りたい。帰らせてくれといい、またせき上げて泣く。二階回りはすっかり困りはてた様子である。（中略）

翌日、昨日の女が同じ二階回りと業者にともなわれてやってきた。（中略）昨日、あれから業者や二階回りに説得され、一つや二つ頰ぺたを張り飛ばされでもしたのであろう、一晩中泣いていたのか、目はふさがりそうに腫れ上がっていた。

今日は覚悟して来たのか、おとなしく診察台に上がった。袖で顔をおおい、脚は緊張して硬くなりぶるぶる震えていた。（中略）

［その翌日］女の泣き声が聞こえてくる。窓から外を見ると、隣の戦捷館の洗浄場の窓から、昨日の女が身を乗り出して吐いていた。（中略）せき上げては吐き、吐き止まると、子供のように声を張り上げて泣く。泣くというより絶叫している。（中略）重い借金を背負い、帰るに帰れぬ故郷は遠い。親、兄弟、身内、友達、訴え救いを求める者は誰もいない。彼女のできることは、張り裂けるような声で泣き叫ぶことだけであったろう。間もなく朋輩の慰安婦が現われて、肩を抱くようにして連れ去った。[46]

［証言―⑧］食堂の従業員になるとだまされて中国の南寧に連行された朝鮮の女性たち

この証言は、中国南部の南寧で憲兵隊曹長を務めた鈴木卓四郎が『憲兵下士官』に書き残したものである。

一五年の八月の中旬か、末頃ではなかったか、南寧憲兵隊附を命ぜられ、（中略）南寧公路沿いの北江郷と呼ぶ、名も知れぬ集落に憲兵隊を開設してから間もなくであった。「軍では慰安所を開設したから事故の起こらぬように」十分監視するようにと、旅団司令部の高級副官から指示が出た。（中略）

それは最初に訪れた日だった。慰安所は司令部のすぐ近くにあった。「陸軍慰安所北江郷」と看板をかかげてはいるが、普通民家を改造した慰安所としてはお粗末なものであった。申し訳程度にもうけた床には破れたござかむしろを敷きつめてあった。酌婦の数は一五、六名で、一五、六歳から二二、三歳までの朝鮮人で、片言交じりの日本語で客を接待していた。どんな事情か、どんな境遇か知らないが、西も東も、善も悪も解せぬ、この少女らに売春をさせるのか、その心境を考えるとき、戦場の恥部をまざまざと見せつけられたような気がした。（中略）

「主人ですが……」と私の前に来たのは、田舎の小学校の先生を思わせる青年だった。（中略）彼女（酌婦）たちの話によれば、主人の黄氏は日本流で言えば地主の次男坊らしく、学歴や地位も土地の校長先生よりも上に見られていたらしい。国の為、民族の為と当時流行の外征の将校を慰めるためにと小作人の娘たちをつれて渡支したのであった。

だが彼の考えていた慰安所と現実の慰安所はあまりにも差があったことだ。彼の想像していた、いや渡支の際の契約は、陸軍直轄の喫茶店、食堂、或いは将兵の集会所となっていた。それが陸軍慰安所、すなわち売春業であることを知った。小作人の子、貧農の娘とはいえ、小学校も満足に出ぬ、善悪の識別のできぬ子供に売春を強いねばならぬ責任を深く感じ、「兄さん、兄さん」としたう、この若い娘たちに心から己の浅はかだった行動を悔いているようだった。(47)

憲兵隊曹長鈴木卓四郎は、朝鮮の女性たちが中国の南寧で陸軍直轄の喫茶店や食堂で働くとだまされて来て、慰安婦になったという証言を著書の中に書き残した。このケースは、経営者自体がだまされた場合といえる。

この場合は、日本軍の指示を受けた業者が、現地軍で慰安所を経営する経営者を選定する段階で、すでに十数人の女性たちを引き連れている地主の息子に「現地軍の喫茶店や食堂で女給が必要だ。衣食住はすべて解決できるし、二～三年働けば金になる」などと持ち掛けたのであろう。

この団体の連行ルートは、中国行の渡航証明書を取ればよかったので大きな問題はなかったと思われる。業者は、経営者と女性たち約一五人の契約を軍の食堂または喫茶店経営者と女給としての勤務ということにして、中国の領事館警察署から証明書を受け、それを朝鮮総督府の外事部に提出して経営者と女性たちの身分証明書を取る。醜業という内容は表面上はないので、外事部では身分証明書を発給する。特にこのケースは、経営者が女性たちをよく知る地主の息子であるため、外事部ではほとんど疑いを持たなかったと考えられる。

そして業者は、当時としては高額の前払金を地主の息子と女性たちに渡す。その後、朝鮮の港から軍用船で中国の広東省の港まで彼らを送る。その後は上陸許可を受けた後に即刻、憲兵隊によって前線の慰安所に送られたのだろう。地主の息子は現地で女性たちを慰安婦にするという話を初めて聞く。しかし高額の前払金をすでに受け取っている状態なので、断るにも断れずに結局女性たちを説得する。地主の息子も女性たちも脱出を試みたかも知れない。しかし軍隊の監視があり、逃亡すれば命が危うい状態である。こうして逃亡を断念せざるを得ず、彼らは泣く泣く強制的に売春をさせられる羽目となった。こういう筋書きは、火を見るよりも明らかである。

業者たちは、就職詐欺だけでなくあらかじめ前払金を渡すので、被害者たちはだまされたと分かっても、強制売春を断ることができないようになっていた。こういう悪辣(あくらつ)な手口を業者たちは用いた。

軍はそのような状況を知っていたが、何の改善策も取らなかった。この文章を書いた鈴木卓四郎元憲兵も、当時は憲兵として軍の不正をただす立場であったにもかかわらず、このような不条理に対して何の改善策も取らなかった。日本軍が慰安婦問題に関して責任を免れられない理由は、まさにこういう点にある。

[証言—⑨] 中国南部の平陽県慰安所に連行された朝鮮の女性たち

中支那派遣軍所属の兵士として、中国中部の平陽へ赴任した真鍋元之が、彼の自伝『ある日、赤紙が来て—応召兵の見た帝国陸軍の最後』の中で、一九四二年ごろ、軍専用の慰安所で会った朝鮮人慰安婦について次のように書き残した。

> 慰安所の女たちは、すべて朝鮮の出身者だが、飢えたる兵士どもが、群れを成して押し掛け、外出日の慰安所は、ごった返しである。そして、その浅ましい混雑の中に、やがて私は、私自身を見出してい

た。(中略)

私が馴染んだ慰安婦は、職業用の日本名をミサオと呼んでいた。生家は江原道のもっとも貧しい農家だったが、ある日突然村長がやってきて「軍の命令だ。お国への御奉公に、娘を差し出せ」という。御奉公の意味がすぐに分かったので、父母は手を合わせ声の限りに哀号(アイゴー)をくり返したが、村長は耳を貸さない。この面(村)へ八名の割り当てが来たが、面には娘は五人しかいないから、ひとりも容赦はならぬ、とニべもなく言い放つ。村長の背後では、佩刀を吊った日本人の巡査(警官)が、肩をそびやかせている。五名の村娘が、石ころのようにトラックへ乗せられ、村境の土橋を渡ったのが、故郷との別れであった。

以来、三年。文字が書けないので、家族の安否を、手紙で問い合わせる事もできない。幸いにして、いまの生き地獄から解放される日があれば、しばらく温泉にでもつかって、疲れを休めたいと思うが、そんな幸福な日は、絶対に来ないであろう。

かりに、その日が来るにしてもそのとき、私の体は、すでにボロ切れのごとくズタズタになっているにちがいない。(48)

この内容は、物理的な強制連行で慰安婦にされたという証言である。植民地時代の朝鮮や台湾では、主に女性を就職詐欺でだまして連行し、現地で強制的に慰安婦にする手口を使ったが、このように、元日本人兵士が朝鮮人女性の物理的な強制連行を証言しているのが注目される。これは、本書の[証言—①]でも見たように、満州の関東軍が実際に使った方法でもある。

このように面長(=村長)が日本人巡査と一緒に出向いて面(村)に対する動員の割当を言い渡して強制連行する方法は、主に日本が戦時期に労働者を強制的に徴用するときの方法でもあった。朝鮮人を日本の炭

鉱に徴用した時、日本政府がこういう強制的な方法を使ったことが知られている。(49)

そのためこの女性は、はじめは女子勤労挺身隊という名目で駆りだされ、中国に連れていかれて慰安婦にさせられたケースであろう。徴用労働者という名目で女性たちに海外渡航身分証明書を発給するのは、いとも容易いことであった。このようなケースは、大体日本の軍事工場に送るという名目だったので、朝鮮の港から船はいったん日本の下関港などに寄港し、その後中国に向かった可能性も考えられる。

さらにこの文章で注目されるのは、作者である真鍋元之の馴染んだ朝鮮人慰安婦が、慰安婦生活を「生き地獄」と言い、解放される日が来るとしてもその時は「私の体は、すでにボロ切れのごとくズタズタになっているにちがいない」といった点である。これは慰安婦が性奴隷であったという証言に他ならない。

[証言—⑩] 陝西省(シャンシー)太安(タイユアン)にだまされて連行された朝鮮女性

この証言は、中国北部の陝西省太安に駐屯した日本軍独立混成第四旅団での実話である。この部隊に所属した近藤一が、写真月刊誌『DAYS JAPAN』の二〇〇七年六月号に証言を寄稿したのだが、それは、同雑誌の「特集、慰安婦一〇〇人の証言」に掲載された。

近藤一の出会った朝鮮女性は、陝西省太安の軍慰安所にいた。彼女は日本の工場に行って金儲けができるという業者の言葉にだまされて、太安の軍慰安所に連れてこられたのである。それ以上の詳しい話はないが、これまでに明らかになった文書の内容から連行ルートを判断すれば、次の通りであろう。

まず彼女は、業者とその他の女性たちと共に朝鮮の港から軍用船に乗って中国の上海まで行く。上海が内陸にある陝西省まで最も近いからである。女性たちは初めての海外旅行なので、到着した港が日本の港だと思っていたに違いない。女性たちに対する渡航身分証明書は、陝西省太安の現地日本軍が発給した証明書によって、業者が一括して女性たちの中国渡航証明書を朝鮮総督府の警察署から受け、それによって渡航したものと思われる。旅行業者が一括して旅券と査証の管理を行うのは現代でもよくあることなので、当時はなおさらそういう詐欺行為は簡単であった。

上海港に着いた女性たちは、上陸許可が下りるまで軍用船の中でしばらく待たされる。それは、逃亡を防ぐためである。そして素早く上陸許可を済ませ、上海港に上陸した彼女たちを出迎えたのは、憲兵隊である。その後は、業者と女性たちを憲兵隊が現地まで連行する。トラックで輸送される慰安婦たちの写真が公開されたことがあるが、そういう写真はまさに慰安婦を輸送する様子を写したものであった。このようにして女性たちは、逃げることのできない状況に追い込まれ、慰安婦にされていった。

証言は、次のようである。

> 大隊本部がある太安（タイユアン）には慰安所がありました。（中略）　日本人女性は将校専用なので下級兵士は行けません。朝鮮人と中国人の二か所が下級兵士用です。私は、朝鮮人の慰安所へ一回、中国人の慰安所へは七～八回行きました。朝鮮人のところへ行った時には話をしただけでした。彼女は田舎の出身で家が貧しく、お金儲けができるからと日本の工場へ誘われて来たのに、気がついたら慰安所で、結局あきらめざるをえなかったと言っていました。
>
> （中略）
>
> 新兵はお金がないので遊べません。だから、討伐に出かける際に逃げる若い女の人を捕まえて、強姦することがありました。（中略）私の目の前で、強姦した小隊長がいました。部下に両手両足を押さえつけさせ、日本刀でもんぺのようなものを切り裂いて、そして自分のものを……。（中略）
>
> 強姦の痕跡は、討伐の度に見ました。道端や丘にこれ見よがしに裸の女性の死体があって、開いた股の間にいろんなものが差し込んでありました。棒切れとか何かが突っ込んであって、悲惨な殺し方で

す。そういう死体はざっと七体ほど見ました。作り話ではありません。（中略）ふつうは女性を裸にして、強姦や輪姦をした後は殺します。（中略）

それから四四年の四～五月ごろ、河南省鄭州（ジョンジュウ）でのことです。何か金目のものがあるだろうと、中心街の家の門を開けて入りました。すると、そこにいた老人たちが拝むようにして「大人（タイジン）、大人（旦那さん、旦那さん）」と呼びとめました。奥に一〇歳くらいの女の子が寝かされていて、見ると、下腹部が血まみれになっているのです。「あぁ、こんな子にまでやっているのか」と、カーッときて外に出ました。あの光景は頭から消えません。私たちが入る前に、別の兵隊が入って、そういうことをしたのです。(50)

右の証言には、中国の女性を強姦・輪姦しては残虐な方法で殺して道端や丘に捨てたり、小さな女の子まで強姦して負傷させた極悪非道な日本兵の姿が証言されている。侵略戦争での兵士たちの心理は、完全な狂人と化していると言わざるを得まい。また、現地の女性を強姦した後は、「問題が起こらぬように殺せ」という上からの指示があったとみられる。それを証明する次のような証言がある。

これはビルマ（現ミャンマー）での話だが、某兵団で、どうしても強姦事件が絶えないとみて、内々に強姦を認めた。（中略）しかしビルマは親日国で、かつ民衆は熱心な仏教徒であり、強姦などは行えない。残された方法は証拠の隠滅――つまり、犯した相手をその場で殺してしまうことであった。これによって事故は起こらなかった。（中略）

ところが、一婦人が暴行された、と軍へ訴え出てきた。裾をまくって犯される形までしてみせた。やむなく調査したら、兵長以下三人の犯人が出てきた。彼らは顔を覚えられているし、三人で輪姦した、と白状した。准尉が「なぜ殺さなかったか」ときくと、三人は「情においてどうしても殺せなかった」

といった。（後略）

以上のように、「強姦したら殺せ」というのは、日本軍の暗黙の命令だったのである。

朝鮮人慰安婦に関する内容は、いわゆる就職詐欺で、業者が女性をだまして海外に移送した略取誘拐行為である。女性があきらめるしかなかったと言ったことを「結局受け入れた」と解釈してはならないだろう。前払金などで自由を拘束して逃げることができない状況を作るのは略取に当たるので、刑法第二二六条を犯した犯罪行為なのである。

近藤一は朝鮮の女性がだまされて慰安婦にされたと知っても、それを救ってやろうという考えはなかったようである。軍隊という組織の中で、勇気を出して発言すること自体が不可能な時代であった。

［証言—⑪］トラック諸島に連行された朝鮮の女性たち

一九四二年、第四海軍施設部軍属としてトラック諸島の夏島、現在のトノアス島に勤務した松原勝は『海を渡る一〇〇年の記憶』の中で、「軍による慰安所管理は明らかな事実」と次のように証言している。

——その夏島に「慰安所」があったのですね。

松原　南國寮と南星寮の二か所、同じような規模でね。（夏島の地図を指し示しながら）このチョンチョン橋を渡って海岸の方へ出て左折すると四経、四施とあるでしょ、その先に三棟ほどの南國寮がありました。

——慰安所の経営は民間がやっていたので、日本軍は関与していないという人がいます。

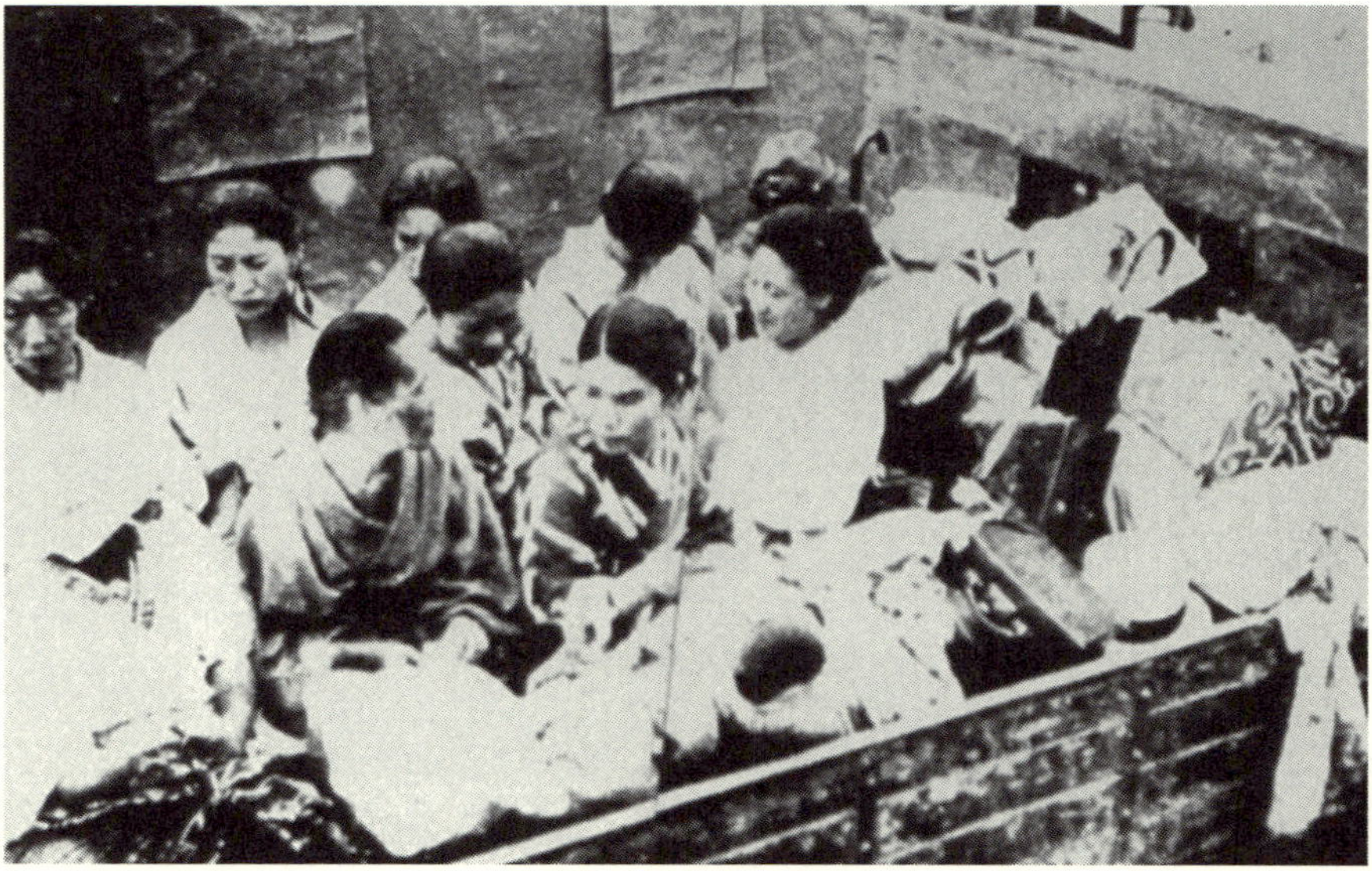

松原　「南國寮出入証」にある、この赤い二本の波線は海軍の印ですし、「萩原部隊」って書いてあるでしょ。萩原勘一という海軍大佐が部隊長でね、印鑑も捺してある。軍が管理していたのは紛れもない事実ですよ。

（中略）

源氏名でみどりさんという人がいてね、当時二二歳っていってました。だまされてこんな所に連れてこられたってね。私がそこへ行き泊ると、泊りを受けなかった女の子たちが三、四人集まってきて、いろいろ話をしてくれました。私はどこどこの出身だけど、親やきょうだいと引き離され、だまされてきたんだというわけですよ。人によってはね、子どもや夫にも引き離されてきたんだと泣いて訴えるわけです。高級将校のメイドにならないかとか、海軍病院の雑役の仕事だとか、三〇円くらいの月給で食事も泊まる所もただだから一年くらいこないかとね。でも、ここへ連れてこられて初めて仕事を知って心が裂けるように思ったと。ひどい話で、日に一〇人もの相手をさせられるとも言ってました。僕が第四海軍施設部の職員だと知っていたし、若かったからね、気を許していろいろなことを話してくれました。トラック諸島の「慰安婦」は、朝鮮の女性がほとんどでしてね、私の叔母が朝鮮の方と結婚しているということや学生のころ朝鮮人の知り合いもいて、朝鮮人には特別な気持ちを持っていたことも関係していると思いますね。(51)

女性たちは多くの甘言によってだまされて慰安所に連行されている。証言によれば「高級将校のメイド」や「海軍病院の雑役の仕事」などをすれば「三〇円くらいの月給で食事も泊まる所もただ」という甘言でだまされたという。こういう形で契約をすれば、女性たちには「軍関係者」の地位が与えられて警察署から渡航身分証明書を受けることができたはずである。そのため、女性たちを渡航させるのは全く問題がなかった。取締りなどは無いに等しかった。女性たちをだました業者たちは、軍や日本の内務省が業者としての証明を与えた輩(やから)であるため、さらに悪質であった。

この証言をした松原勝という元軍属も、戦争当時はいかなる助けも朝鮮の女性たちに与えることができなかった。だまされて連行されたなら、略取誘拐罪が成立し、刑法第二二六条違反は明白だったが、当時、慰安婦に助けの手を差し伸べる者はほとんどいなかったというのが現実であった。日本軍が慰安婦動員を指示し、日本政府や軍が業者を秘密裏に選定して彼らに動員の便宜を与え、婦女たちをだまして略取誘拐しても解決しようとしなかったという犯罪が慰安婦問題の本質である。

[証言―⑫] 読売新聞従軍記者の証言――強制連行された朝鮮人女性、少女たち

一九四二年五月ごろ、ビルマ(現、ミャンマー)のラングーン(現、ヤンゴン)に読売新聞の従軍記者として赴任した小俣行男が、一九六七年に出版した自身の体験談『戦場と記者―日華事変・太平洋戦争従軍記』

の中で、次のようにラングーンの慰安所で接客していた朝鮮人慰安婦から聞いた強制連行の話を証言している。

ある日「日本から女が来た」という知らせがあった。連絡員が早速波止場へかけつけると、この朝到着した貨物船で、朝鮮の女が四、五十名上陸して、宿舎に入っていた。まだ開業していないが、新聞記者たちには特別にサービスするから「今夜来て貰いたい」という話だった。

（中略）

私の相手になったのは二三、四の女だった。日本語はうまかった。公学校で先生をしていたといった。「学校の先生がどうしてこんなところにやってきたのか」ときくと、彼女は本当に口惜しそうにこういった。

「私たちはだまされたのです。東京の軍需工場へ行くという話しで募集がありました。私は東京に行ってみたかったので、応募しました。仁川沖に泊まっていた舟に乗り込んだところ、東京に行かず南へ南へとやってきて、着いたところはシンガポールでした。そこで、半分くらいがおろされて、私たちはビルマに連れて来られたのです。歩いて帰るわけにも行かず逃げることもできません。私たちはあきらめています。ただ可哀想なのは何も知らない娘たちです。一六、七の娘が八名います。この商売はいやだと泣いています。助ける方法はありませんか」

彼女たちのいうように逃亡できる状態ではない。助ける方法って何かあるだろうか。考えた末に「これは憲兵隊に逃げこんで訴えなさい」といった。（中略）これらの少女たちがかけこめば、何か対策を講じてくれるかもしれない。或いはその反対に処罰されるかも知れない。しかし、いまのビルマで他に方法があるだろうか。

若い記者たちも同情した。結局、この少女たちは憲兵隊に逃げこんで救いを求めた。憲兵隊でも始末に困ったが、抱え主と話し合って、八名の少女は将校クラブに勤務することになった。その後この少女たちはどうなったろうか[52]。

この証言は東京の軍需工場で働くとだまし、朝鮮の女たち四〇～五〇人をシンガポールとビルマの慰安所に連行したケースである。従軍記者だった小俣行男が慰安所へ行ったとき、だまされて連行された朝鮮の女性や少女たちの存在に彼は驚いている。小俣は、五〇冊に上る従軍ノートと当時の新聞スクラップをもとに「一行の誇張もウソもあってはならない[53]」と心に決めてこの記録を書いたという。さらに「その頃の後方基地に女はつきものになっていたので、それらの話を省略すれば、この記録がウソになるので、古傷にふれる想いで書くことにしました」と「あとがき」でふれている。彼は、この朝鮮人慰安婦の話だけでなく、東南アジア各地の女性たちとの夜の話も著書の随所に書き残している。

この朝鮮人慰安婦の話は、彼女が学校の先生だったためか、日本語もうまく具体的であった。彼女は「東京の軍需工場で働く」という募集があったので応募したという。多分、新聞などに出た応募であったのであろう。そして東京に行くと言われて船に乗り込み、出港した港はソウルの西側に位置した仁川であったという。そこから船はシンガポールを経てビルマまで来たのだ。ということは初めから彼女たちには、南方に送られる「軍関係者」という身分証明書が出ていたことになる。

このケースから分かるように、朝鮮での警察署における女性たちへの身元調査などは実際には省略されており、陸軍省の渡航身分証明書だけで渡航が可能になったものと判断される。特に朝鮮や台湾からの募集の際には、警察署における調査などはほとんどなされなかった可能性が強い。されたとしても業者が一括して形式上の書類を提出すれば証明書が発行されたのであろう。警察署は便宜を提供する存在であったのであるから。

記者はこの慰安婦に、憲兵隊に訴える方法を知らせたが、憲兵隊自体が港から慰安所まで女性を移送する役割を担う日本の慰安婦動員システムの一部だったため、初めから救済の見込みは薄い話だった。八名の少女たちは将校クラブで働くようになったというが、それは結局、将校たち専用の慰安婦になることを意味していたのではないかと推察される。

[証言―⑬] マレー半島の慰安所に強制連行された朝鮮の女性たち

次の証言は、マレー半島の慰安所に関する話である。陸軍パイロットだった元日本人兵士が『従軍慰安婦110番―電話の向こうから歴史の声が』に、マレー半島の慰安所で体験した話を語った。

朝鮮人慰安婦がほとんどでしたが、インドネシア、ベトナム、カンボジアなどでは、現地女性の慰安婦もいました。前線にやられるのは、大抵朝鮮人慰安婦でした。(中略)

マレーの場合、飛行場は町外れにあったので、町にある慰安所までは、一、二里あります。そこで慰安所に行くときはトラックにギッシリ乗って行きました。中隊ごとに二〇〇人ぐらいが外出しました。(中略)

慰安婦は一日に二〇~三〇人の相手をしていたのではないでしょうか。「トミコ」という源氏名の朝鮮人慰安婦がいましたが、彼女が「私たちは軍属募集され、お国のためと志願してきたのに、裏切られて……もう、国には帰れない」と話していました。この慰安所の経営者は、年配の日本人でした。[54]

この内容を見ると、マレー半島に連行された朝鮮女性は、軍属として軍で仕事をすると言われてきたという。これは一九四二年以降、日本軍が南方占領地に進出した時のことと考えられる。しかし、現地に着いたら裏切られて、強制的に慰安婦にされたという話をこの女性は日本人兵士にしたのだ。

ただ、渡航関係の文書を見れば実際に慰安婦を軍属にするという根拠はなく、一九四二年以降に女性を南方に送る場合には「軍関係者」という資格を与えたことが確認されている。もし、女性たちに正式に軍属の身分を与えたとしたならば、軍属として軍人に準じた補償がなされなければならないため、これは業者が「軍関係者」を「軍属」とだましたケースであろう。

多くの朝鮮女性は、当時、書類関係に明るくなかったため、「軍関係者」を「軍属」として紹介しても疑ったりはしなかったはずである。このように「軍関係者」として軍の雑用などを紹介してまるで「軍属」として雇用するように言い、女性たちをだますケースが相当数に上ったと考えられる。「軍関係者」として女性を募集するのは、結局軍の責任で雇用することを意味するため、女性たちに軍関係者としての渡航身分証明書を発給した陸軍省、すなわち日本政府は法的責任を免れ得ないのである。

[証言—⑭] シンガポールの慰安所に連行された朝鮮の女性たち

韓国の京畿道にある慰安婦被害者たちの住む「ナヌムの家」で生活した方々のうち、キム・ファソンさん(一九二六〜二〇一二)は一九四二年、一六歳のときにシンガポールの慰安所に連行され、強制的に慰安婦にさせられたという。このような証言を裏付ける元日本兵士の証言が残っている。

次は、林博史教授の「マレー半島における日本軍慰安所について」(一九九三)という論文の中で述べられたシンガポールの慰安所に連行された朝鮮女性たちの話である。

シンガポール市街の対岸のブラカンマティ島(現在セントーサ島)に駐留していた陸軍航空の燃料補

給廠で通訳として勤務していた永瀬隆氏の証言によると、一九四二年一一月になってから朝鮮人慰安婦一二～一三人が送られてきて慰安所が開設された。現在の戦争博物館の所に補給廠の本部が置かれ、その南に隣接した建物が慰安所として使われた。

氏は朝鮮人慰安婦たちに日本語を教えるように部隊長から命じられたので、その教育にあたった。彼女らと話をしていた時に「通訳さん、聞いてください。私たちはシンガポールのレストラン・ガールということで一〇〇円の支度金をもらってきたが、来てみたら慰安婦にされてしまった」と泣きながら訴えたという。氏はまもなく一二月末に原隊の南方軍の通訳班に復帰し、以降泰緬鉄道に関わることになる[55]。

この証言で分かるのは一二～一三人の朝鮮の女性たちはみなシンガポールのレストランの女給になるとだまされて来て、強制的に慰安婦にされた。彼女たちは、女給という「軍関係者」の身分で陸軍省から渡航身分証明書をもらい、業者からは前払金をもらって、中国の港を経てシンガポールまで軍用船で送られた模様である。すなわちはじめから契約自体が詐欺であるため、渡航身分証明書の発給を受けることは何の問題もなかったのである。

そして、醜業婦になる、慰安婦になるなどと本当の話をして渡航身分証明書の発給を受けた女性などは、一九三八年二月の「内務省通牒」が出された時にすでに日本本土で売春業をしていたごく一部の女性に限った話なのである。

日本・朝鮮・台湾のほとんどすべての女性たちは、だまされて書類を作られ、連行されたのであった。さて、この証言を聞いた永瀬隆という通訳がその後に何らかの措置を取ったという話はない。部隊長が永瀬隆に「朝鮮の女性たちに日本語を教えろ」と命令するほどだったから、この慰安所は軍が管理した慰安所である。永瀬隆は見て見ぬふりをしたのか、上に報告したのか定かではないが、一切女性たちに対する軍の人権蹂躙行動が改善された様子はない。日本軍は当時、女性たちをだまして連行してくることに対して、何の罪意識も感じていなかったものと思われる。

[証言―⑮] インドネシアのスマトラ・パレンバン慰安所に連行された朝鮮の女性たち

これはマレー半島西側に位置したインドネシアのスマトラ島の中心地パレンバンのある慰安所でのことである。

憲兵軍曹として慰安所と関連のあった土金冨之助が、『シンガポールへの道（下）―ある近衛兵の記録』の中で、自分のスマトラ島での体験を次のように述べた。

> 巡回で出入りしているうちに、私はK子とY子という朝鮮の女性（この建物は全部朝鮮出身）とよく話をするようになった。行く度にコーヒーやケーキをご馳走になった。K子は年もまだ一八とか一九歳といっていた。（中略）
>
> 私が一人で行ったある日、彼女（Y子）は「私達は好き好んで、こんな商売に入ったのではないのです」と、述懐するように溜息を吐きながら語った。
>
> 「私達は、朝鮮で従軍看護婦、女子挺身隊、女子勤労奉仕隊という名目で狩り出されたのです。だからまさか慰安婦になんかさせられるとは、誰も思っていなかった。外地へ輸送されてから、初めて慰安婦であることを聞かされた」
>
> 彼女等が、初めてこういう商売をするのだと知った時、どんなに驚き、嘆いたことだろうと考えると気の毒でならない。Y子は真剣な面持ちで、訴えるように話を続けた。

「今更、悔やんだって、嘆いたって仕方ないことだけど、当時は毎日泣きながら過ごしたの。日本の軍隊が憎らしかった」

彼女は涙ぐんで、

「(中略)だけど私たちはどうなの。看護婦になれるんだ。軍需工場で働くのだと言って出てきて、煙草を覚え、厚化粧をして媚を売ることしか覚えないで、看護婦のカの字も知らない。汚れたこの体はどう見たって昔の私には戻らない。親や兄妹に合わせる顔もないでしょう」

彼女の頬には、小さな雫が光っていた。(中略)

将兵達はこのような事情を知っているのだろうか、いや知る必要はなかった。なまじ知っては楽しく遊べなくなるだろう。彼女らは金儲けに来ているんだぐらいにしか理解していない者が多いと思う。こうした話を聞くと、彼女らは金儲けに来たのではない。少なくとも命ぜられるまま、日本軍に協力するという理由で、故郷を出たはずである。それだけに哀れという外はない。

「軍曹殿、皆な大声で笑ったり、騒いだりしているけれど、心では泣いているんです。死のうと思ったことも何度もあるんです。この気持ちわかってもらえるかしら……」[56]

この証言を見ると、インドネシアのスマトラに連行された朝鮮の女性たちは、従軍看護婦・女性挺身隊・女性勤労奉仕隊という名目でだまされてきたことが分かる。まさに軍は、「軍関係者」としての身分を与えるにふさわしい名目で女性たちをだましてスマトラまで連行したのであった。

「内務省通牒」では、女性が港に到着すれば、彼らをただちに慰安所に送るのが憲兵隊の役割だった。しかしその憲兵隊の軍曹であり慰安所を管理していた土金富之助が、朝鮮女性がだまされて連行されたという事実をはじめは知らなかったということは驚きである。

この土金軍曹も女性たちに同情はしたが、彼女たちを積極的に救おうとした形跡はない。朝鮮の女性たちは様々な方法で救済を要請したが、当時の日本の兵士たちは話だけを聞いて実際に行動に出て女性を救出した者はほとんどいなかった。救済を受けたという事例はごく少数に過ぎず、慰安婦制度という極悪の制度を根本的に改善しようとする動きは日本軍や日本政府に全くなかったのである。これも日本軍と日本政府の大きな犯罪と言わざるを得ない。

［証言—⑯］朝鮮人「慰安婦」に関して語る元日本兵の小説家

この証言は、文学者を志しながらも一九三九年と一九四三年に二度徴兵され、上海で敗戦を迎えた後、小説家・詩人となった伊藤桂一の朝鮮人慰安婦に関する証言である。

兵隊と、なんらかの意味で接触する女性は、慰安婦のほかには、中国民衆（つまりその土地の住民）、在留邦人、慰問団、それに看護婦くらいなものだろう。このうち、慰安婦がいちばん兵隊の役に立ってくれていることは事実だが、慰安婦も多くは、欺（だま）されて連れて来られたのである。

（中略）

朝鮮の女たちが、慰安婦として、いかに日本兵たちに献身的であったかは、多少でも野戦経験を持つ者は知っている。しかしそれは多くの場合、日本兵に好意を持ったからではなく、慰安婦の立場として、日本内地の女には負けたくないとする、民族的な面子（メンツ）があったからのようだ。彼女たちが、いかに献身的であったにせよ、日本兵の情に殉ずる、というような事例はほとんどなかった。彼女たちの心底には、本能的、無意識的に、日本への憎悪と抵抗があったのである。[57]

伊藤桂一は、「慰安婦も多くは、欺されて連れて来られた」と認めている。そして、朝鮮人慰安婦たちは大変献身的であったけれども、「彼女たちの心底には、本能的、無意識的に、日本への憎悪と抵抗があった」とも述べている。その根拠として伊藤桂一は同じページに、日本が敗残したときには日本人慰安婦も後を追って死ぬ場合が多かったが、朝鮮人慰安婦は大部分、中国軍の捕虜となる道を選んだということを書いている。(58)

第二節　だまされて連行された女性たち――元「慰安婦」の証言

［証言―⑰］上海慰安所に強制連行されたキム・スンドク（金順徳）さん（一九二一～二〇〇四）

キム・スンドクさんは一九二一年、慶尚南道宜寧郡で生まれた。証言によるとキムさんは、一九三七年の旧暦正月か二月ごろ、一七歳になった年に、朝鮮人が日本の工場で働く女を募集していて、時には臨時の看護婦をしたり、軍人の服を縫製したり、そういう軍に関係する仕事があるといわれ、上海に連行された。もともとは村に対する割当で、募集と言っても強制徴用と同じであったという。初めは妹が行くことになっていたが、妹はまだ幼いので、自分が行くことにしたという。そして日本ではなく上海に連行されて、慰安婦にされるという被害を受けた。

歴史的には、一九三七年一二月から上海派遣軍へ女性を酌婦という名目で大量に送り出す政策が始まっている。その時に酌婦というだけではなく、あらゆる甘言が用いられたのであろう。当時、上海派遣軍の指示で日本と朝鮮に業者が送られており、キムさんが連行された年は、実際には一九三八年初めではないかと思われる。キムさんは一九四〇年まで約三年間、日本軍慰安婦にされたと証言しているが、一九三八年の初めから一九四〇年までならば足かけ三年になる。

キム・スンドクさんは南京に連れて行かれた時に、酔ったような日本の軍人に、「お酒に酔ったんですか」と聞いたら、その軍人は「酔ったんじゃない。狂ったんだ。あんまり人を殺したからな」と答えたという証言をしている。このような証言は、当時の上海や南京で起きた日本軍の残虐な殺戮行為を想起させる生々しい証言であり、当時日本軍による南京大虐殺を目撃した人々の証言とも一致する。

キム・スンドクさんは南京を経て、一九四〇年に日本軍の高級将校の助けで朝鮮に帰国することができた。

キム・スンドクさんは被害者たちの象徴となった絵『咲き乱れた花』を描いたことで有名である。彼女は二〇〇四年六月三〇日、常に参加していた水曜集会の朝に八四歳で亡くなった。

[証言—⑱] 海南島に強制連行されたキム・オクチュ（金玉珠）さん（一九二三〜二〇〇〇）

キム・オクチュさんは一九二三年、韓国の大邱で九人兄弟の末娘として生まれた。一〇歳の時、父が亡くなって一家は大変苦しい生活をする羽目になったという。彼女は、九歳の時から通った小学校を一一歳の時に中退して、一二歳になった三月から日本人将校の家に五年間入居して、家政婦として働くことになった。一九四〇年に一七歳になった時、その将校から「仁川に行けば、今より何倍も給料をもらえる家政婦生活ができるから、行ってみないか」と言われた。その給料は、当時受け取っていた給料の四倍にもなるので、キム・オクチュさんは仁川に行くことを決心した。

しかし汽車に乗って仁川に到着すると、そこで船に乗らなければならなかった。その船は中国の青島など数ヶ所を経由して、海南島の中心都市である海口に到着した。そしてそこにある「エビス」という名の慰安所に連れていかれた。海口には一九三九年四月当時、すでに日本軍の管理の下に約一八〇人の慰安婦がいたと記録されている。このように、キム・オクチュさんは海南島の慰安所に連行されたのである。

キム・オクチュさんは「恵比寿慰安所の主人は日本の女性だった」と証言している。その慰安所では、慰安婦はすべて朝鮮人で、人数は九人から一二人だったという。キムさんは数回妊娠し、その度に中絶手術を受けさせられた。女主人はキムさんを民間の病院に連れて行って流産させ、その費用は借金させて利子までつけたという。

海南島の慰安所については次のような証言もある。

これは第一八師団に所属した山口彦三という元兵士が、ビルマ（現、ミャンマー）のマンダレー・メイミョーの公光荘という軍慰安所で会った「マリ子」という源氏名を持つ朝鮮人慰安婦から聞いた話を『ビルマ平原 落日の賦』に書き残したものである。

マリ子の両親は半島出身者だったが、横浜で相当多くの半島人を使い、土建業をやって裕福な生活だった。マリ子が女学校三年の春、工事現場で大事故があり、父親と使用人二人が即死してしまった。（中略）その日の生活にも困るようになったマリ子と母親（中略）。

その頃、母親が親しくしていた春川節子さんという方から、「対馬の陸軍病院で雑役婦を募集しているから行かないか」という話があった。仕事は傷病兵の洗濯奉仕や掃除などの軽作業で、給料は月三〇円、支度金として二〇円、宿舎糧食衣服などは現地支給で、志願者が相当多いとのことだった。春川節子さんは半島出身ではあるが、下関の病院に勤めながら勉強し、産婆となった人でそこの病院長の子を産み、その子が今は軍医少尉となり、北支に出征中とのことであった。信用できる方のお世話なので、マリ子は母親と相談し早速志願した。女でもお国の為に役立つことができ、一家の生計が救われると思うと、マリ子は久しぶりに晴々とした気分になった。

マリ子は見送りの人々に手を振って、下関港の御用船に乗り込んだ。一緒に志願した人たちは、一〇〇名だった。

対馬は近くなのに、船は幾日も進む。途中、諸々の港で物資を積み込むので、対馬に付くのは大分遅れるという噂が流れてきた。幾日経ってもどこへも寄らず、狭い御用船は一日毎に暑さが酷くなってきた。どうやら船は南下しているらしく、みんな騙されてどこかへ連れていかれることがもう疑いのないものとなった。みんなが怒って騒ぎ出したが、船は夕刻、海南島に着き、上陸させられ、三班に分けられ車で楡林の三ヶ所の慰安所に送り込まれてしまった。（中略）

それからシンガポール・ラングーン・メイミョーと兵団の進むままに、流されるようにメイミョーまでやってきた。（中略）

「日本の偉い人たちは全く卑怯ね、鬼だわ。中国の人たちが日本人を東洋鬼（トンヤンクイ）と呼ぶけど、私だってその気持ち、ちっとも変わらないわ[59]」

この証言にもあるように、マリ子は海南島に「対馬の陸軍病院で雑役婦を募集しているから行かないか」とだまされて連行され、慰安婦にならざるを得なかった。山口彦三の証言は大変具体的である。マリ子は、対馬での仕事は傷病兵の洗濯奉仕や掃除などの軽作業で、給料は月三〇円、支度金として二〇円、宿舎糧食衣服などは現地支給で、志願者が相当多いとだまされたという。さらに御用船に乗せられているのも、公文書の通りである。

さらに、慰安婦たちは兵団と一緒に移動している。マリ子たちは、海南島からシンガポール・ラングーン・メイミョーと移動させられたのである。

山口彦三がこのような話を聞いた慰安所は、ビルマのマンダレー・メイミョーにある慰安所だったが、マンダレーの慰安所に関する資料が次のようにいくつか残っている。

【文書―55】慰安所の状況〔波集団〕司令部（昭和一四〔一九三九〕年四月一一～二〇日）

〔解説〕まずこの文書は、山口彦三の証言の女性やキム・オクチュさんが連行された海口慰安所の一端を知らせてくれる。海口慰安所を管理した軍は、日本軍の波集団である。第二三軍が南支那派遣軍となって波集団と呼ばれたが、一九三八年九月、大本営の直属部隊として編成された第二一軍が最初に波集団と呼ばれた部隊である。この第二一軍は中国に派遣され、広東を占領した部隊だ。

第二一軍は通称「波八六〇四部隊」とも呼ばれた。波八六〇四部隊は、中国人や韓国人たちに生体実験を行って細菌兵器などを作ったとして知られる七三一部隊（ハルビン駐屯）の兄弟部隊で、一九四二年に日本軍が香港に侵攻した時、香港から広州へ向かった中国難民のうちの約二〇〇〇人を収容所に閉じ込めて細菌兵器で殺害した疑いのある部隊である。

この文書は一九三九年四月の文書で、波集団（第二一軍）司令部により作成されたものである。波集団（第二一軍）は広州市の中山大学医学部に本部を置いたので、まさに細菌兵器を研究して実際に用いる準備をしていたと推定される。

この文書には、食堂・カフェ・料理店など各種慰安設備が増加し、慰安所が衰退する兆候があるという内容が記されているが、軍中央が統制する慰安婦の人数は約八五〇人で、各部隊が動員した慰安婦数は約一五〇人とあり、結果的に南支那派遣軍が統制する軍慰安婦の数は約一〇〇〇人という多数に上ったと報告されている。

管理・統制地域は、広州など広東省と、広東省に接する湖南省、海南島の中心都市海口も含まれている。一覧表の中の「市内」とは広州市を意味し「広東市」と記載されたものは「広東省」の誤記とみられる。すなわち海南島の海口慰安所は、日本軍第二一軍の飯田支隊が管理・統制する軍慰安所であった。

戦時旬報（後方関係）

波集団司令部

（前略）

二　慰安所の状況

1　慰安所は、所管警備隊長と憲兵隊の監督の下に警備地区内の将校以下のために開業させた。

2　近年、各種慰安設備（食堂・カフェ・料理店その他）の増加とともに、軍慰安所は次第に衰微する兆候がある。

3　現在、従業婦女の数はおよそ一〇〇〇人前後で、軍が統制する者は約八五〇人、各部隊の郷土から呼んだ者は約一五〇人と推定している。

右のほかに、第一線で慰安所の設置が困難な所では、現地のものを使う場合が若干ある。

4　慰安所の配当および衛生状態の概況は別紙のようである。

（出典：『政府調査「従軍慰安婦」関係資料集成』第二巻、三七～四一頁）

［慰安所の配当と衛生状況一覧表］

慰安所ノ配當及衛生状況一覽表

區分	場所	人員数	罹病率（百分率）
軍直部隊	市内	一五九	二八%
久納兵團	廣東市東部	二二三	一%
濱本兵團	廣東市北部	一二九	一〇%
兵站部隊	河南	一二二	四%
佛山支隊	佛山	四一	二%
飯田支隊	海口	一八〇	
合計		八五〇	

備考 右ハ憲兵駐留地ノミノモノヲ計上ス 右以外 三水九江ニ宮㝎
増城石龍等ニモ設置サレアルモ極メテ少数ニシテ詳細不明ナリ

（6）

【文書―56】マンダレー駐屯地勤務規定【第五野戦輸送司令部】（昭和二〇〔一九四五〕年一月二日）

〔解説〕この文書は、ビルマでビルマ国民軍がクーデターを起こす約二ヶ月前に日本軍によって作成された文書で、軍慰安所五ヶ所が記載されている。

さらにこの文書には慰安所の目録とその位置を示した略図が掲載されている。五つの軍慰安所のうち一つ「梅乃家」は、内地人の慰安婦がいるため「将校慰安所」に指定されている。言葉の問題があって、内地人を将校用の慰安婦にしたのであろう。その他、広東人（中国人慰安婦）の慰安所が一つ、半島人（朝鮮人）慰安婦の慰安所が三つあり、この五つが軍指定慰安所、軍が管理・統制する慰安所だった。残りの四つはビルマ人慰安婦がいる慰安所だが、そこはすべて軍準指定だった。

このように、マンダレーの軍慰安所五ヶ所のうち三ヶ所が朝鮮人慰安婦の慰安所だったので、朝鮮から連行された女性が軍指定慰安婦としては最も多かった。

軍事極秘

マ駐庶第五四号　マンダレー駐屯地勤務規定

（前略）

軍指定・軍準指定　食堂・慰安所

（食堂省略）

（出典：『政府調査「従軍慰安婦」関係資料集成』第四巻、三二一～三三三頁）

軍指定慰安所	樓名	國籍別	定休日	摘要
同	梅乃家	内地人	八日 三日	将校慰安所
同	萬來家	廣東人	二一 二六	
同	東亜倶樂部	半島人	三 二八	
同	朝日倶樂部	同	五 二〇	
同	菊園	同	九 二四	
軍准指定慰安所	樂天地	ビルマ人	五 三〇	
同	ビルマ館	同	一三 二八	
同	喜樂荘	同	一 一六	
同	新緬館	同	八 二三	ビルマ兵補専用

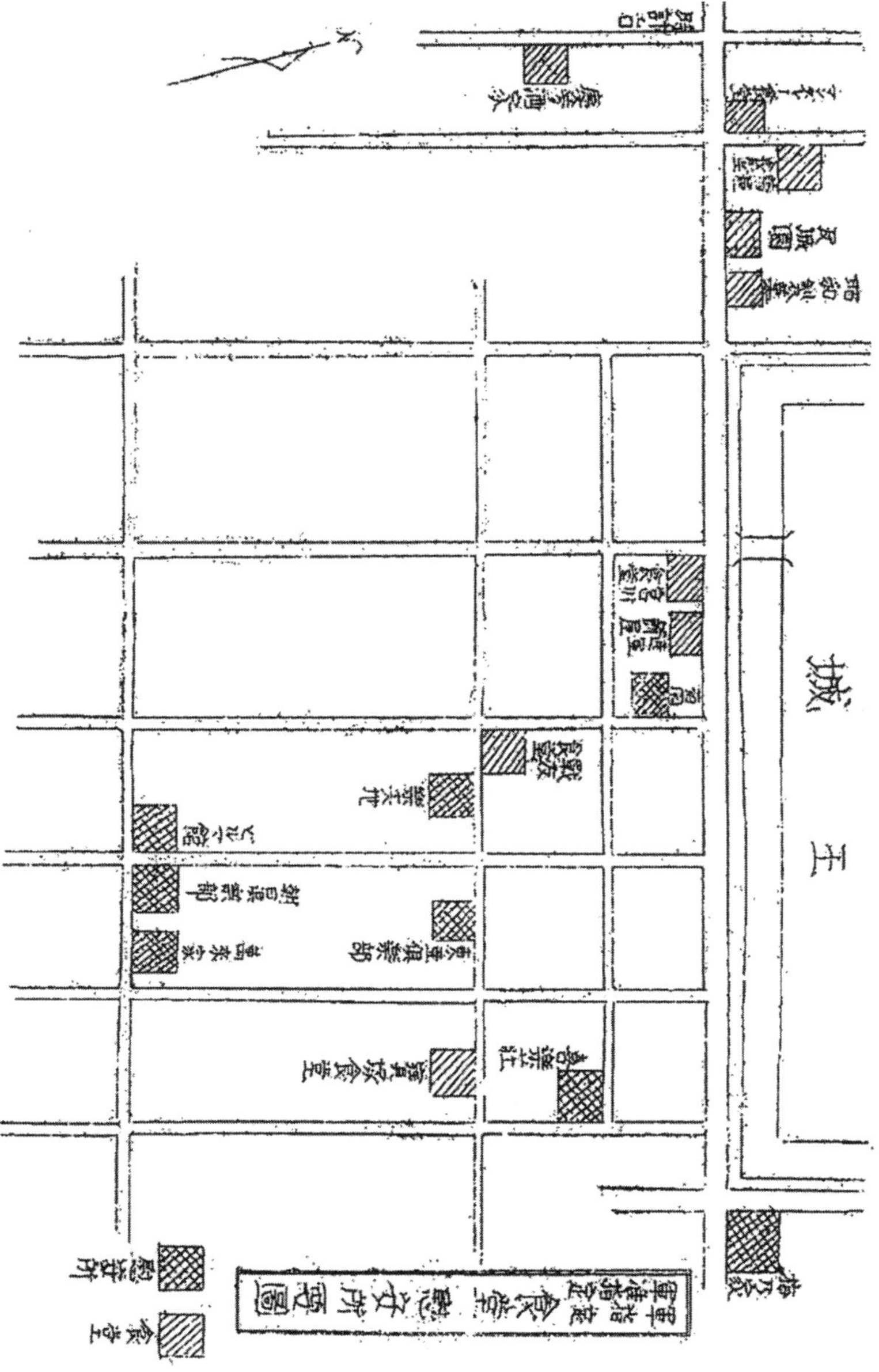
軍指定食堂慰安所要圖
食堂
慰安所
城
王

［証言―⑲］ビルマ・ラングーンに連行されたイ・ヨンニョ（李用女）さん（一九二六〜二〇一三）

イ・ヨンニョさんは、一九二六年に京畿道驪州（ヨジュ）で生まれた。証言によると、彼女はビルマのラングーン（現、ヤンゴン）で慰安婦生活を強いられた。

イ・ヨンニョさんは一九四二年、満一六歳の時にビルマに連行されたという。この時期は、日本軍のビルマ侵攻・占領の時期と一致する。日本軍は当時、英米が中国国民政府を支援する「ビルマ・ルート」を遮断するために一九四二年二月にビルマに侵攻し、五月にビルマ全域を占領した。

文書―56で、ビルマのマンダレー慰安所に関する文書を見たが、マンダレーは首都ラングーンに次ぐ第二の都市で、ラングーンから北に約七〇〇キロほど離れている。イ・ヨンニョさんは、首都ラングーンに連行されたわけである。

イ・ヨンニョさんは家が貧しくて八歳の時から働き始め、一一歳の時には家族全員でソウルに上京したが、一四歳の時には父親が彼女を酒場に売ったという。そして二年後の一九四二年、酒場の主人から「日本でお金をたくさん儲けることができる所があるんだが行かないか」と提案され、「一人で行くんじゃなくて一緒に行く人もいるから安心しなさい」とも言われて、イ・ヨンニョさんは承諾したという。これは業者が保護者に当たる酒場の主人に前払金を渡して、イ・ヨンニョさんと酒場の主人をだました事例とみてよいだろう。そしてラングーンまでは朝鮮人の男女数人が引率して行ったという。

まず、釜山までは列車で行き、そこで船に乗って台湾・シンガポールを経て、ラングーンまで連行された。初めは日本へ行くと聞かされたが、到着した場所は日本ではなく、はるか遠いビルマであった。そして、ラングーンからは列車である町まで行き、そこで慰安婦生活を強いられた。解放後、イ・ヨンニョさんはラングーンの収容所での生活を経て、一九四六年三月に釜山港に帰ってくることができた。次の文書は、連合軍によるラングーン掃討作戦の時に拘束された朝鮮人慰安婦に関する記録であり、イ・ヨンニョさんのラングーン生活と関係があるとみられる文書である。

【文書―57】米国戦時情報局心理作戦班の日本人捕虜審問報告第四九号〔昭和一九（一九四四）年一〇月一日〕

〔解説〕この文書は一九四四年八月一〇日ごろに連合軍が実施したビルマの首都ラングーン掃討作戦の時に拘束された朝鮮人慰安婦二〇人に対する米国戦時情報局心理作戦班の審問結果報告書である。

一九四二年、ビルマに到着した八〇〇人程度の朝鮮女性は、皆が慰安婦にならなければならないということを全く知らされずにビルマに送られてきた。彼女たちは病院で兵士のための看護をするという程度の話を聞いてだまされて連行された女性たちだったことが、米国が調査した報告書に書かれている。女性たちは前払金を受け取っていたため、だまされて連行されたとしても廃業できる状況ではなかったし、すでに拘束された状態だったと報告書に記載されている。

この文書には、「捕まった女性たちが他の慰安所と比べれば、良い待遇を受けていた」という内容が書かれており、そのような部分は日本の歴史修正主義者たちの論理に利用されたりもした。しかし、他の慰安所と比較して良い待遇を受けたという証言などは相対的な話に過ぎない。慰安婦たちが就職詐欺などでだまされて連行され、売春を強要されたことが明らかに確認されているために、誘拐犯が誘拐後に奴隷たちに良い待遇をしたとしても、それが誘拐犯の罪状を軽減するわけではない。また証言には営業者たちも加わっているために、慰安婦たちに良い待遇をしたというのは営業者たちの話と思われる。

朝鮮人慰安婦としてビルマに連行されたとして証言をしたのは前記のイ・ヨンニョさんだけではない。ムン・オクチュ（文玉柱）さんは一八歳の時に、「軍の食堂で働けば金を稼げる」という言葉にだまされビルマに送られた。彼女たちの証言と釜山港を一九四二年に出発し、ラングーンに到着する経路など

――から、この「日本人捕虜尋問報告第四九号」に記録された朝鮮人慰安婦七〇三人のうちに彼女たちが入っている可能性が高い。

米国戦時情報局心理作戦班　日本人捕虜尋問報告

第四九号　一九四四年一〇月一日

米国陸軍インド・ビルマ戦域軍所属　米国戦時情報局心理作戦班　APO689

秘

尋問場所　レド捕虜収容所

尋問期間　一九四四年八月二〇日〜九月一〇日

報告年月日　一九四四年一〇月一日

報告者　T／3　アレックス・ヨリチ

捕虜　朝鮮人慰安婦二〇名

捕獲年月日　一九四四年八月一〇日

収容所到着年月日　一九四四年八月一五日

はじめに

この報告は、一九四四年八月一〇日ごろ、ビルマのミッチナ陥落後の掃討作戦において捕えられた二〇名の朝鮮人「慰安婦」と二名の日本の民間人に対する尋問から得た情報に基づくものである。

この報告は、これら朝鮮人「慰安婦」を徴集するために日本軍が用いた方法・慰安婦の生活および労働の条件・日本軍兵士に対する慰安婦の関係と反応・軍事情勢についての慰安婦の理解程度を示している。

「慰安婦」とは、将兵のために日本軍に所属している売春婦、つまり「従軍売春婦」に他ならない。「慰安婦」という用語は日本軍特有のものである。この報告以外にも、日本軍にとって戦闘の必要のある場所ではどこにでも「慰安婦」が存在してきたことを示す報告がある。しかしこの報告は、日本軍によって徴集され、かつビルマ駐留日本軍に所属している朝鮮人「慰安婦」だけについて述べるものである。日本は一九四二年に、これらの女性およそ七〇三名を海上輸送したと伝えられている。

徴　集

一九四二年五月初旬、日本の周旋業者たちが日本軍によって新たに征服された東南アジア諸地域における「慰安役務」に就く朝鮮人女性を徴集するため朝鮮に到着した。この「役務」の性格は明示されなかったが、それは病院にいる負傷兵を見舞い、包帯を巻いてやり、そして一般的に言えば、将兵を喜ばせることにかかわる仕事であると考えられていた。これらの周旋業者が用いる誘惑の言葉は、多額の金銭と、家族の負債を返済する機会、それに、楽な仕事と新天地―シンガポール―における新生活という将来性であった。このような虚偽の説明を信じて、多くの女性が海外勤務に応募し、二百～三百円の前払金を受け取った。

これらの女性のうちには、「地上で最も古い職業」に以前からかかわっていた者も若干いたが、大部分は売春について無知、無教養であった。彼女たちが結んだ契約は、家族の借金返済に充てるために前渡しされた金額に応じて六ヶ月から一年にわたり、彼女たちを軍の規則と「慰安所の楼主」のための役務に束縛した。

これらの女性およそ八〇〇名が、このようにして徴集され、一九四二年八月二〇日ごろ、「慰安所の楼主」に連れられてラングーンに上陸した。彼女たちは、八名ないし二二名の集団でやって来た。彼女たちは、ここからビルマの諸地方に、通常は日本軍駐屯地の近くにあるかなりの規模の都会に配属された。結局、これらの集団のうちの四つがミッチナ付近に到達した。それらの集団は、キョウエイ、キンスイ、バクシンロウ、モモヤであった。キョウエイ慰安所は「マルヤマクラブ」と呼ばれていたが、ミッチナ駐屯部隊長の丸山大佐が、彼の名前に似た名称であることに異議を唱えたため、慰安婦たちが到着したさいに改称された。

性　向

尋問により判明したところでは、平均的な朝鮮人慰安婦は二五歳くらいで、無教育、幼稚、気まぐれ、そして、わがままである。慰安婦は、日本的基準からいっても白人的基準からいっても、美人ではない。とかく自己中心的で、自分のことばかり話したがる。見知らぬ人の前では、もの静かでとりすました態度を見せるが、「女の手練手管を心得ている」。自分の「職業」が嫌いだと言っており、仕事のことについても家族のことについても話したがらない。捕虜としてミッチナやレドのアメリカ兵から親切な扱いを受けたために、アメリカ兵のほうが日本兵よりも人情深いと感じている。慰安婦は中国兵とインド兵を怖がっている。

生活および労働の状況

ミッチナでは慰安婦たちは、通常、個室のある二階建ての大規模家屋（普通は学校の校舎）に宿泊していた。それぞれの慰安婦は、そこで寝起きし、業を営んだ。彼女たちは、日本軍から一定の食料を買っていた。ビルマでの彼女たちの暮らしぶりは、ほかの場所と比べれば贅沢ともいえるほどであった。この点はビルマ生活二年目について特にいえることであった。食料・物資の配給量は多くなかったが、欲しい物品を購入するお金はたっぷりもらっていたので、彼女たちの暮らし向きはよかった。彼女たちは、故郷から慰問袋をもらった兵士がくれるいろいろな贈り物に加えて、それを補う衣類・靴・紙巻きタバコ・化粧品を買うことができた。

彼女たちは、ビルマ滞在中、将兵と一緒にスポーツ行事に参加して楽しく過ごし、またピクニック・演奏会・夕食会に参加した。彼女たちは蓄音機を持っていたし、都市では買い物に出かけることが許された。

料金制度

慰安婦の営業条件は軍によって規制され、慰安所の利用度の高い地域では規則は厳格に実施された。利用度の高い地域では、軍は料金、利用優先順位、および特定地域で作戦を実施している各部隊のための利用時間割当制を設ける必要があると考えた。尋問によれば普通の料金は次の通りであった。

1．兵	午前一〇時～午後五時	一円五〇銭	二〇分～三〇分
2．下士官	午後五時～午後九時	三円	三〇分～四〇分
3．将校	午後九時～午前〇時	五円	三〇分～四〇分

以上は中部ビルマにおける平均的料金であった。将校は二〇円で泊まることも認められていた。ミッチナでは、丸山大佐は料金を値切って相場の半分近くまで引き下げた。

利用日割当表

兵士たちは、慰安所が混んでいるとしばしば不満を訴えた。規定時間外利用については、軍がきわめて厳しい態度をとっていたので、多くの場合、彼らは用を足さずに引き揚げなければならなかった。この問題を解決するため、軍は各部隊のために特定日を設けた。その日の要員として、通常当該部隊員二名が、隊員の確認のために慰安所に配置された。秩序を保つため、監視任務の憲兵も見まわった。第一八師団がメイミョーに駐留したさい、各部隊のために「キョウエイ」慰安所が使用した利用日割表は、次の通りである。

日曜日—第一八師団司令部。

月曜日—騎兵隊

火曜日―工兵隊
水曜日―休業日、定例健康診断
木曜日―衛生隊
金曜日―山砲兵隊
土曜日―輜重隊

将校は週に夜七回利用することが認められていた。慰安婦たちは、日割表通りでも利用度がきわめて高いので、すべての客を相手にすることはできず、その結果、多くの兵士の間に険悪な感情を生みだすことになるとの不満をもらしていた。

兵士たちは慰安所にやって来て、料金を払い、厚紙で作った約二インチ四方の利用券を買ったが、それには左側に料金、右側に慰安所の名称が書かれていた。次に各々の兵士の所属と階級が確認され、そののちに兵士たちは列を作って順番を待った。慰安婦は接客を断る権利を認められていた。接客拒否は、客が泥酔している場合にしばしば起こることであった。

報酬および生活状態

「慰安所の楼主」は、それぞれの慰安婦が、契約を結んだ時点でどの程度の債務額を負っていたかによって差はあるものの、慰安婦の稼ぎの総額の五〇ないし六〇パーセントを受け取っていた。これは慰安婦が普通の月で総額一五〇〇円程度の稼ぎを得ていたことを意味する。慰安婦は「楼主」に七五〇円を渡していたのである。多くの「楼主」は、食料、その他の物品の代金として慰安婦たちに多額の請求をしていたため、彼女たちは生活困難に陥った。

一九四三年の後期に、軍は借金を返済し終わった特定の慰安婦には帰国を認める旨の指示を出した。その結果、一部の慰安婦は朝鮮に帰ることを許された。

さらにまた尋問が明らかにしているところによれば、これらの慰安婦の健康状態は良好であった。彼女たちは、あらゆるタイプの避妊具を十分に支給されており、また、兵士たちも、軍から支給された避妊具を自分のほうからもって来る場合が多かった。慰安婦は衛生に関して、彼女たち自身についても客についても気配りするように十分な訓練を受けていた。日本軍の正規の軍医が慰安所を週に一度訪れたが、罹患していると認められた慰安婦はすべて処置を施され、隔離されたのち、最終的には病院に送られた。軍そのものの中でも、全く同じ処置が施されたが、興味深いこととしては、兵士は入院してもその期間の給与をもらえなくなることはなかったという点が注目される。

（中略）

兵士たちの反応

慰安婦の一人によれば、平均的な日本軍人は、「慰安所」にいるところを見られるのをきまり悪がり、彼女が言うには、「慰安所が大入り満員で、並んで順番を待たなければならない場合には、たいてい恥ずかしがる」そうである。しかし、結婚申し込みの事例はたくさんあり、実際に結婚が成立した例もいくつかあった。

すべての慰安婦の一致した意見では、彼女たちのところへやって来る将校と兵士のなかで最も始末が悪いのは、酒に酔っていて、しかも、翌日前線に向かうことになっている連中であった。しかし、同様に彼女たちが口を揃えて言うには、日本の軍人は、たとえどんなに酔っていても、彼女たちを相手にして軍事にかかわる事柄や秘密について話すことは決してなかった。慰安婦たちが何か軍事上の事柄についての話を始めても、将校も下士官や兵士もしゃべろうとしないどころか、「そのような、女にふさわしくないことを話題にするな、といつも叱ったし、そのような事柄については丸山大佐でさえ、酒に酔っているときでも決して話さなかった。」

しばしば兵士たちは、故郷からの雑誌・手紙・新聞を受け取るのがどれほど楽しみであるかを語った。彼らは、缶詰・雑誌・石鹼・ハンカチ・歯ブラシ・小さな人形・口紅・下駄などがいっぱい入った「慰問袋」を受け取ったという話もした。口紅や下駄は、どう考えても女性向きのものであり、慰安婦たちには故郷の人びとがなぜそのような品物を送ってくるのか理解できなかった。彼女たちは、送り主にしてみれば、自分自身つまり「本来の女性」を心に描くことしかできなかったのであろうと推測した。

軍事情勢に対する反応

慰安婦たちは、彼女たちが退却し捕虜になる時点まで、さらにはその時点においても、ミッチナ周辺の軍事情勢については、ほとんど何も知らなかったようである。しかし、注目に値する若干の情報がある。

「ミッチナおよび同地の滑走路に対する最初の攻撃で、約二〇〇名の日本兵が戦死し、同市の防衛要員は二〇〇名程度になった。弾薬量はきわめて少なかった。」

「丸山大佐は部下を散開させた。その後数日間、敵は、至る所で当てずっぽうに射撃していた。これという特定の対象を標的にしているようには思われなかったから、むだ撃ちであった。これに反して、日本兵は、一度に一発、それも間違いなく命中すると判断した時にのみ撃つように命令されていた。」

ミッチナ周辺に配備されていた兵士たちは、敵が西滑走路に攻撃をかける前に別の場所に急派され、北部および西部における連合国軍の攻撃を食い止めようとした。主として第一一四連隊所属の約四〇〇名が取り残された。明らかに、丸山大佐は、ミッチナが攻撃されるとは思っていなかったのである。その後、第五六歩兵団の水上少将が二箇連隊（小隊）以上の増援部隊を率いて来たものの、それをもってしても、ミッチナを防衛することはできなかった。

慰安婦たちの一致した言によれば、連合国軍による爆撃は度肝を抜くほど熾烈（しれつ）であり、そのため、彼女たちは最後の時期の大部分を蛸壺（避難壕）の中で過ごしたそうである。そのような状況の中で仕事を続けた慰安婦も一、二名いた。慰安所が爆撃され、慰安婦数人が負傷して死亡した。

退却および捕獲

「慰安婦たち」が退却してから、最後に捕虜になるまでの経緯は、彼女たちの記憶ではいささか曖昧であり、混乱していた。いろいろな報告によると、次のようなことが起こったようである。すなわち、七月三一日の夜、三つの慰安所（バクシンロウはキンスイに合併されていた）の「慰安婦」のほか、家族や従業員を含む六三名の一行が小型船でイラワジ川を渡り始めた。彼らは、最後にはワインマウ近くのある場所に上陸した。彼らは八月四日までそこにいたが、しかし、一度もワインマウには入らなかった。彼らはそこから、一団の兵士たちのあとについて行ったが、八月七日に至って、敵との小規模な戦闘が起こり、一行はばらばらになってしまった。慰安婦たちは三時間経ったら兵士のあとを追って来るように命じられた。彼女たちは命令通りにあとを追ったが、結局は、ある川の岸に着いたものの、そこには兵士の影も渡河の手段もなかった。彼女たちは、付近の民家にずっといたが、八月一〇日、イギリス軍将校率いるカチン族の兵士たちによって捕えられた。彼女たちはミッチナに、その後はレドの捕虜収容所に連行され、そこでこの報告の基礎となる尋問が行われた。

（中略）

要望

慰安婦の中で、ミッチナで使用された拡声器による放送を聞いた者は誰もいなかったようだが、彼女たちは、兵士が「ラジオ放送」のことを話しているのを確かに聞いた。

彼女たちは、「慰安婦」が捕虜になったことを報じるリーフレットは使用しないでくれ、と要望した。彼女たちが捕虜になったことを軍が知ったら、たぶん他の慰安婦の生命が危険になるからである。しかし、慰安婦たちは、自分たちが捕虜になったという事実を報じるリーフレットが朝鮮で計画されているとして活用するのは名案であろうと考えたのである。

付録A

以下はこの報告に用いられた情報を得るために尋問を受けた二〇名の朝鮮人「慰安婦」と日本人民間人二名の名前である。朝鮮人名は音読み（マ）で表記（マ）している。

	名	年齢	住所
1	「S」	二一歳	慶尚南道晋州
2	「K」	二八歳	慶尚南道三千浦（以下略）
3	「P」	二六歳	慶尚南道晋州
4	「C」	二一歳	慶尚北道大邱
5	「C」	二七歳	慶尚南道晋州
6	「K」	二五歳	慶尚北道大邱
7	「K」	一九歳	慶尚北道大邱
8	「K」	二五歳	慶尚南道釜山

9 「K」 二一歳 慶尚南道クンボク
10 「K」 二三歳 慶尚南道大邱
11 「K」 二六歳 慶尚南道晋州
12 「P」 二七歳 慶尚南道晋州
13 「C」 二一歳 慶尚南道慶山郡（以下略）
14 「K」 二一歳 慶尚南道咸陽（以下略）
15 「Y」 三一歳 平安南道平壌
16 「O」 二〇歳 平安南道平壌
17 「K」 二〇歳 京畿道京城
18 「H」 二一歳 京畿道京城
19 「O」 二〇歳 慶尚北道大邱
20 「K」 二一歳 全羅南道光州

日本の民間人

1 キタムラ トミコ 三八歳 京畿道京城
2 キタムラエイブン 四一歳 京畿道京城

（出典：『政府調査「従軍慰安婦」関係資料集成』第五巻、二〇一〜二〇九頁）

【証言―⑳】ラバウルに強制連行されたパク・オクリョン（朴玉連）さん

ラバウルに連行された韓国のパク・オクリョンさんは、二三歳になった一九四一年一一月ごろから約二ヶ月ほどの船便でパプア・ニューギニアのラバウルに連れて行かれたと証言した。ラバウルはパプア・ニューギニアのニューブリテン島の都市で、海軍航空隊のあった場所として有名である。

太平洋戦争が始まると、日本軍はトラック諸島の海軍基地を防御する必要性を感じてラバウルを攻略し、前進拠点とした。一九四二年一月二三日、オーストラリア軍との激戦の末、日本軍はラバウルを占領し、二月初めにラバウル基地を完成させた。

パク・オクリョンさんの証言から、日本軍ラバウル基地が完成したころに彼女はラバウルに到着した模様である。日本軍は、ラバウル基地が完成して多くの軍人・軍属が基地で生活を始めれば、すぐに慰安施設が必要になるために、女性たちの募集はあらかじめ始めていたものと思われる。

パク・オクリョンさんは当時結婚していたし、幼い息子もいた。しかし夫に暴行され、夫はソウルのある紹介所に彼女を売ってしまったという。その後、パク・オクリョンさんは軍人のための慰問団を募集していてお金ももらえるという噂を聞き、夫が自分を売って持って行った金額を早く返済し、別居している息子と早く一緒に暮らしたいという気持ちで、慰問団に志願したという。

慰問団がすることは野戦病院で傷ついた軍人を看護し、軍人の服を洗濯してあげることだと言われ、三年間ほど頑張れば借金も返せるという。募集人数は二五人で、パク・オクリョンさんはクムスンという女性と一緒に志願した。渡航証明書の名目は「軍人慰問」であるためにまったく問題なく許可が下りたのである。

ソウルを離れる時、一緒に行く二五人は朝鮮人のパク氏・キム氏・チョ氏が引率し、林という日本人男性の引率でさらに二五人の団体がいて、合わせて五〇人の女性が釜山に集められた。そして釜山港から船に乗って下関に向かったのだった。

女性たちは下関に到着した後、軍用船に乗り換えさせられた。下関からは軍の準備した軍用船に乗って南方に向かったのである。軍用船はとても大きく、中には食堂・劇場・病院・銭湯もあったという。こうして軍用船で一ヶ月半ぶりに到着した所は、南太平洋の激戦地パプア・ニューギニアのニューブリテン島の中心地ラバウルだった。

こうして逃げようにも逃げられない遥か南の島で、パク・オクリョンさんは静子という源氏名で一日に二〇〜三〇人ほどの軍人を相手にしなければならない慰安婦生活を強いられた。

パク・オクリョンさんは自分の部屋から出て行かずにドアを閉めていることがしばしばあったが、そういう時は抱主が駆けつけて、「そんなことをしていたらどうやって借金を返せるんだ」と脅したという。借金で首を回らなくして売春を強要する手口であった。四方が海に囲まれていて、逃げることもできない環境は慰安所を管理する日本軍にとって絶好の条件だった。

パク・オクリョンさんは野戦病院から一週間に一度、軍医が検診にきたというが、そのような性病検査は、各種文書で確認できる。慰安婦たちは梅毒にかかれば六〇六号注射（６０６号〔＝サルバルサン〕は梅毒治療薬）を受け、一週間ほど治療を受けたという。

ところが一九四四年二月ごろからラバウルの日本軍航空隊は兵力不足のトラック諸島に移動し、以後、連合軍によってラバウルは続けて空襲を受けるようになった。その後さらに戦争の舞台はフィリピンや沖縄方面に移動したのだが、連合軍の定期的な空襲でラバウルに連行された五〇人の女性たちの中で、生き残ったのはパク・オクリョンさんをはじめ四人だけだった。

危険な戦場に女性たちを略取していき性奴隷とした日本軍の犯罪は、刑法第二二六条に違反するだけでなく人道上の犯罪である。これは慰安婦問題に関して時効がないことを意味している。

第七章　日本軍「慰安婦」の実態

1　日本人「慰安婦」と朝鮮人「慰安婦」

一九三八年三月に出された「内務省通牒」では、海外に送る醜業婦は満二一歳以上で、本来日本で醜業を行っていた者に限るということになっていた。しかしこれは日本人慰安婦の場合にはある程度守られただろうが、朝鮮人や台湾人、まして現地人の場合は当てはまらなかった。伊藤桂一は、次のように書いている。

彼女らは皇軍兵士の慰問使として朝鮮及び北九州の各地より募集せられた連中であった。興味あることには、朝鮮婦人の方は年齢も若く肉体的にも無垢を思わせる者がたくさんいたが、北九州関係の分は既往にその道の商売をしていた者が大部分で、後者の中には鼠蹊部に大きな切開の瘢痕を有する者も屢々あった。(60)

右の文によれば、日本人慰安婦はもともと醜業に従事していた者が多く、朝鮮人慰安婦の場合は未経験者がほとんどだった。

秦郁彦は「内地人の大部分は（中略）はなはだいかがわしき者のみにて、年齢もほとんど二〇歳を過ぎ、中には四〇歳になりなんとする者ありて、既往に売淫稼業を数年経験してきた者のみなり。半島人は若年齢かつ初心な者が多い(61)」（後略）

と評価した。すなわち日本人慰安婦の場合は「内務省通牒」通りに満二一歳以上で、本来日本で醜業を行っていた者が多かったのに対し、朝鮮人慰安婦の場合は、二一歳未満が多くて性的経験のないものがほとんどだったという話である。朝鮮人慰安婦たちのほとんどが本来は性的経験がなかったということは、米国戦時情報局心理作戦班が一九四四年に行った「米国戦時情報局心理作戦班日本人捕虜尋問報告第四九号」（文書―57）でも確認されている。[62]

もちろん、日本人の場合もだまされて前線に送られ、慰安婦となった者もいるが、それは日本の本土から戦地に送れる、もとから醜業婦であった者が不足してからの話である。一九三七年一二月以降、慰安所の増設が本格化した初期には、内地からは本来醜業を営んでいた者を優先して中国などの戦地へ送ったのである。長澤健一の『漢口慰安所』には、上海派遣軍が慰安所の設置を決定したのは日中戦争が勃発してから一ヶ月後の一九三七年八月であり、上海派遣軍は西日本各地の遊郭に協力を要請したと記されている。[63] 本書第一章で見た通り、上海現地軍は一九三七年七月以降に、慰安所の設置を独自に決定したのであった。そして軍の「要請」[64]で集められた内地の慰安婦たちに関して、長澤健一は次のように描写している。

> 当初集まった女たちは、戦火たけなわな現地に進んで渡ろうとする連中であるから、皆泥水稼業に浸りきっていて、一クセも二クセもあった。アルコール中毒の者もいたし、足抜き常習の女もいた。[65]

すなわち、当初、漢口慰安所に集められた日本人慰安婦たちは、皆もともと内地で醜業を営んでいた女性たちであった。

しかし、戦線が拡大するにしたがって、内地から送られる婦女たちも略取誘拐される場合が増えていったと見られる。鹿野正伍が海軍での体験をノンフィクション小説としてつづった『ある水兵の戦記』にはだまされて慰安婦にされた内地の女性に関して次のように描写している。

「お客さん〝お艦〟前線に行くの」

「いやそうではないかもしれない」

「お願い、内地に帰るなら頼まれて」

「なんでだ。どんなことだ」

彼は座り直した。妓は片手を板の間につけた。その瞼に、すがるような翳がよぎった。

「手紙出してください。なるべく早くです。ここからは駄目なの。ぜひお願い」

「誰ぞほかにいないか」

「お願い、助けると思って、中を読んでください。だまされて連れてこられました」

嘘のない瞳である。通路には次の客がいるもようだ。考える暇なく加野は手紙を受け取り、上着の内ポケットに入れた。

妓は掌を合わせた。媚びた感じではない。彼がうなずくと、妓の目尻に光るものがあった。(66)


作者である鹿野正伍は、自らの体験を「加野」という青年を主人公にしてつづったのであるが、以上のように彼は、だまされて連れてこられた日本人慰安婦の必死の訴えを描写した。その後、加野は同僚に手紙を渡して内地へ届けることを依頼するが、「甘い甘い、呆れた。物好きだな」と断られている。日本海軍も、慰安婦たちの人身売買を知っていながら手を打たなかったのである。

だまされて連行された日本人慰安婦に関しては、菅野茂も『7%の運命―東部ニューギニア戦線―密林からの生還』の中で次のように描写している。

帰途ラバウルの街の慰安所に寄った。女たちの部屋を古兵の原と連れ立って覗いて廻ったが、どの部屋の前にも他部隊の兵隊たちの長蛇の列。とても期待時間までには間に合いそうもない。あきらめて売店に行くことにした。

メインストリートの街路樹の下で、船から降りたばかりと思われる女たちの一団（一五、六名）が休息していた。大勢の兵隊がもの珍しそうに取り囲んでいた。その兵隊たちの中にY軍曹と運転手のE上等兵の姿があったので、私たちが近寄ると、

「あの娘たちは、海軍の軍属を志願したそうだが、だまされて連れてこられたらしい。あの娘は富山の浴場の娘だと言っていた」

Eは、指差しながら、気の毒そうに私たちの耳元でささやいた。なるほど言われてみると、どの娘も暗く沈んだ表情。ろくに化粧もなく、どう見ても巷（ちまた）で働く女たちではなかった。炎天の中に和服を着て柳行李を持っている姿が、一層いたましく映った。男も女も滅私奉公の時代である。だが、私には割り切れなかった。こんなことが公然と行われてよいのだろうか。私は胸に噴き上げるものを抑えながらその場を去った。（中略）

私の脳裏に再び街路樹の下で休んでいた娘たちの面影がちらついた。「泣くだけ泣いた」といったあきらめの表情で、じっとうつむいていた娘たち。病んでも静養もできない因果な運命。奈落の底に突き落としたのは誰だ！(67)

右の話は昭和一八年七月のことである。つまり「内務省通牒」が出されてから五年以上たった時の話で、日本軍の南方作戦たけなわのころである。はじめは日本軍と日本政府は、「内務省通牒」によって本来醜業を営んでいた女性を慰安婦として戦地に送ることを勧告したが、それは始めのころの話で、朝鮮・台湾などからだけでなく、内地からも女性たちを略取誘拐したのである。

2 「慰安婦」動員は軍の指示か、単なる要請か

表題の問題意識は、慰安婦問題の核心の中の一つである。まず、「指示」と「要請」の違いは何かであるが、「指示」は上下関係が明確な場合に上司から部下への命令であり、「要請」は上下関係がない両者において一方が先方に、ある事を「必要だとして、強く願い求めること」である。

慰安婦の動員が軍の「指示」ならば、それは軍の内部で上官が部下に慰安婦を動員しろ、女性たちを連行しろ、などと命令を下したという意味になる。日本政府は一貫して、軍の「指示」はなかったと主張してきている。一九九三年七月に慰安婦の強制連行を一部認めた「河野談話」も、「軍の指示」とは文言に盛り込まずに、「慰安婦の募集については、軍の要請を受けた業者が主としてこれに当たった[68]」としている。軍と業者は上下関係ではないから、この場合の慰安婦動員に「指示」という言葉を使うことはできない。軍は慰安婦が「必要だとして」、その動員を業者に「強く願い求め」たのである。一九三七年七月の支那事変以降は、こうして中国に駐屯する日本軍の「強い願い」によって慰安婦の動員が本格化された。

しかし軍が方針として決定した慰安婦の動員は、中止や変更が不可能であった。そういう意味で、軍の要請は「絶対的な要請」であり、軍内部においてなら「指示」と全く同じ内容であった。

業者に任せなかった場合、完全に軍が上の「指示」で動いた。つまり、軍は軍の上層部の指示で、担当部隊が女性狩りをしたのである。この内容は文書では残っていないが、元日本兵の証言として残されている。

本書の［証言―②］の一部を再び掲載する。

慰安婦強制と軍の関与はすべて本当のこと。そして業者ではなく軍が直接やっていた。少なくとも満州で自分が居たところ（チチハル）には業者など居なかった。自分の所属していた宇都宮第五九連隊の

中に、朝鮮人を連れてくる専門部隊があって、人数は数百人はいたと思う。強制的に、朝鮮人の男はドカタなどの強制労働に、女は慰安婦にさせていた。[69]

この証言は、恐るべき証言である。証言者である根本長寿元軍曹は、満州で彼の所属していた宇都宮第五九連隊の中に朝鮮人を連行してくる専門部隊があったと断言しているのである。これが、日本政府が続けて否定する、いわゆる狭義の意味での慰安婦強制連行である。女性をだまして連行する、女性の「本人の意思に反して」慰安婦にするいわゆる広義の意味での強制連行は、河野談話が一部認めたが、心無い日本の論客たちはそれも業者のせいにしている。

満州に関東軍の一兵卒として徴兵されたある筆者の知人（故人）が、私に話してくれたことがある。「満州では、時々、軍人たちがトラックでやってきて、田畑仕事をしていた朝鮮人たちを男女の区別なくトラックの荷台に無理やり押し込むように載せて、走り去るのを見た」

根本長寿の証言は、私の聞いた証言と一致する。満州にいた軍部隊は、満州移民に行ったり満州に移住した朝鮮人を人狩りのターゲットにしたものと思われる。この話を私にしてくれた方はすでに故人であり、その家族がこの証言を公にすることを拒んでいるために、実名を公表できないのが残念である。故人の家族は、故人の体験で日本社会から村八分にされたくないという気持ちを持っている。このような保身意識が、満州での朝鮮人強制連行の実態を解明する障害になっていることは言うまでもないことである。

狭義の強制連行に関しては、次のような証言もある。

昭和一八年にインド洋カーニコバル島に日本軍軍属として赴任した河東三郎が『ある軍属の物語―草津の墓碑銘』に次のような証言を残している。

（一九四三年秋、カーニコバル島に内地から慰安婦が四人来たというニュースが入り、ある日、班長から慰安券と鉄カブト（コンドーム）と消毒薬が渡され、集団で老夫婦の経営する慰安所へ行った。）

椰子の葉で屋根を作った小屋が三棟あった。一棟は倉庫をかねたもので、この慰安所を経営する老夫婦の部屋、一棟は喫茶店、あとの一棟は四つに仕切られ、慰安婦の接客部屋になっていた。（中略）その部屋ごとに、三〇名から四〇名の列が並んだ。いったいどうなることかと思いながら、私もその列に加わった。（中略）

四号の慰安婦は丸顔の美人で、年は二十二、三歳に見えた。（中略）

彼女ら慰安婦の多くは、戦地に行くと無試験で看護婦になれるとだまされてきたのだそうだ。彼女らは看護婦になるつもりで、戦地に従軍してきたらしい。そんなわけで、彼女らも、私たちと同じ軍属である。

だまされたといって、最初、彼女らは泣きわめいたそうだが、彼女らは「特殊」という看護婦にはちがいなかった。特殊な看護婦とは、よくもつけたもので、香具師（やし）の言い草を思わせる。命を懸けて戦っている兵隊や軍属には、慰安婦はなくてはならない役割をしていた。（中略）

軍部もそう考えたので、慰安婦を戦地の駐屯地に連れて行ったのであろう。慰安婦を現地で集めたり、内地から連れてゆく部隊は、どういう兵種の役目なのか。どんな気持ちで、それをやってきただろうかと、聞いてみたい気にもなる。(70)

この証言では、内地から連れてこられた慰安婦たちは、戦地で無試験で特殊看護婦になれるとだまされて連行されている。そして右の引用文の最後に、作者は「慰安婦を現地で集めたり、内地から連れてゆく部隊は、どういう兵種の役目なのか」といって、慰安婦動員を軍が直接行っていると証言している。戦地で現地の女性たちを軍が強制連行した記録や証言は多数残っている。しかしここで作者は、内地でも軍が女性たちを集めていると認識している。そのような認識が、軍の中でされていたのである。それは慰安婦動員において、軍の動員方針が確固たるものであった証拠である。

3 「慰安婦」動員は軍の強制か、女性たちの自発的参加か

表題のこの問題は、今までの論議ですでに答えが出ている。まず、特に一九三七年七月以降、女性たちが自発的に慰安婦になったのは初期の段階で、内地のもともと醜業を営んでいた女性たちを対象に中国へ渡航させたころのみである。戦線の拡大によって多数の慰安婦が戦地で必要になるにつれて、女性たちをだましたり、満州における証言のように慰安婦狩りがなされるようになった。

満州では、はじめから業者などはいなかったというので、慰安婦狩りが一九三二年当時から行われた可能性がある。これを究明するのは今後の課題である。

4 軍や日本政府は悪くない、悪かったのは業者だ

このような主張は、本書でもすでに反論がなされている。業者は主に戦地にも赴いて、慰安所の抱主、経営者になった。ところが彼らを選定したのは日本政府であり、軍部であった。内務省は、政府が業者を選定したことは極秘にすることと各文書に残している。これもすでに本書では文書—16や文書—17などを通して確認済みである。慰安婦強制連行の責任を業者に押し付けるのは、いわゆるトカゲのしっぽ切りで、本丸を守るための虚偽に過ぎない。

5 「慰安婦の強制連行はなかった」という言説はどう作り上げられるのか

「慰安婦の強制連行はなかった」という言説は、慰安婦関係の著作や日本政府高官の言葉によって常に再生産されていく。そして詳しいことをよく知らない大衆に、「慰安婦の強制連行はなかった」という考え方を植え付けていく。ここにはある種の政治的意図が潜んでいる。

一つの例を挙げてみよう。本書でも二回ほど引用した軍医であった長澤健一の『漢口慰安所』は、本の各論では慰安婦のみじめさを描写していながら、総論では軍や日本政府の責任を否定する代表的な著作の一つである。この著作を分析しながら、慰安婦強制連行を否定する者たちの論理を検証することにする。

まず長澤は、「昭和一二年七月、支那事変がはじまり、とどまることなく戦線が拡大していくにともなって、陸軍は広大な占領地域に慰安所を数多く配置した」、「漢口の陸軍慰安所は特殊慰安所と称したが、漢口陥落後に漢口兵站部によって設立され」たと明言している。[71] これは漢口の慰安所の設置を軍が主導したという事実を認める描写である。

漢口の陥落を前にして昭和一三年一一月、兵站施設設置のための軍の先発隊が漢口に到着し、参謀からの指示を受けたと長澤は書いている。慰安所を設置する責任を負った軍の木村設営隊責任者木村少佐が言う。「先ほど参謀に会って、意外な指示を受けた。至急に単独宿舎と慰安所の開設準備をせよというのだ」。[72] ここではっきりと長澤は漢口慰安所は軍上層部の指示で開設したと証言している。すなわち、軍の要請ではなく指示によって軍が自ら慰安所を設置したと長澤は認めているのである。

その後、軍によって漢口慰安所の候補地が選定され、漢口の積慶里が兵站司令官の決裁によって、昭和一三年一一月に軍慰安所として決定されたという。[73]

ここまで読んでくれば、日本軍が慰安所設置を決定・決裁したのだから、慰安婦も日本軍が強制にせよ、同意を得たにせよ、呼んでくるのが順序であり常識である。ところが長澤は、慰安婦たちが漢口にやってきたのは軍の主導ではなく、どこまでも売春業者に連れられて自発的に来たように描写している。例えば次のようである。

「漢口陥落直後、まだ市中が混とんとしていたころ、中山馬路の交通路付近の空き家に入り込み、兵隊たちを誘って売春する者が四、五軒あった。これらはすべて朝鮮人が引き連れた一軒一〇人ほどの朝鮮女たちで、戦闘部隊に追随して、売春しながら入城した移動慰安所であった。彼女らの行旅も、軍隊と行動をともにし難渋したらしく、全員薄汚れたみじめなありさまであった。憲兵隊では、これらは風紀を害するとの理由から、兵站司令部に処理を依頼してきたので、兵站は一行を全員積慶里に収容し、これが積慶里入居第一号になった。(74)」

この描写は、漢口陥落後に軍の指示ではなく、独自に漢口に潜り込んだ朝鮮人売春業者と朝鮮人慰安婦たちが勝手に売春を始めたような描写になっている。しかしこれは作者の多分に意図的な描写である。しかし長澤は、朝鮮人売春業者や慰安婦たちが、独自に漢口にやってきたとは決して書かなかった。そう書けば虚偽になるからであろう。だから彼は「兵隊たちを誘って売春する者が四、五軒あった」という現象を描写し、どういう経緯で朝鮮人たちが漢口に入ったのかをはじめは書かずに「売春」という部分のみを強調している。中国の都市が日本軍によって陥落した後は、軍が通行自体を統制したため、売春業者でも許可なしには簡単に漢口に入城できたはずがないのに、長澤はいとも簡単に朝鮮人たちが漢口に入り込んだように印象付ける描写を行った。

しかしその後で長澤自身が、彼らは「戦闘部隊に追随して、売春しながら入城した移動慰安所」と書いている。これは事実であり、この事実によって、作者長澤が歪曲したとしても、これらの朝鮮人慰安婦たちが、軍によって強制的に動かされていたことが分かる。なぜなら、軍隊とともに移動する慰安所こそ、軍が直接管理する慰安所であり、戦闘しながら移動するのでいつでも命に危険が降りかかる、慰安婦にとっては決して雇われたくない慰安所だからである。こういう戦闘しながら移動する慰安所は慰安婦たちが逃亡しないように厳重に監視しただろうから、彼女たちを性奴隷として扱ったに相違ないとみるのが妥当である。いつ戦闘に巻き込まれて死ぬかもしれないので、軍は身元確認を迫られる内地の日本人ではなく、いついなくなっても大きな問題にならないと当時認識されていた朝鮮人慰安婦を連れ歩いたものと見られる。

そして彼らは、漢口の積慶里慰安所に入所した第一号であった書かれているが、日本軍の兵站司令部は漢口での慰安所設置を大変急いでいたので、朝鮮人慰安婦たちが第一号として入所したのは偶然ではなく、初めから予定された行動であったと見るのが正しいだろう。物は言いようだと、この本を読んでつくづく感じさせられる。朝鮮人強制連行という事実を、作者がぼかしながら完全な虚偽も書かないという手法を用いているのである。さらに次のような描写がある。

「武漢陥落とともに上海、南京で待機していた売春業者らは、慰安婦を率いて続々と武漢を目指し、揚子江をさかのぼりはじめた。派遣軍は彼らを軍需品扱いとし、優先輸送した。（中略）
彼らは漢口に到着すると、兵站司令部の指示を受け、積慶里に入り、一一月中には三〇軒の慰安所と約三〇〇人の慰安婦が入居した。これでほとんど空き家はなくなり、入りきれない業者は交通路付近の空き家でしばらく待機したのち、さらに前線基地に向かい、そこで定着した。(75)」

この描写も、まるで売春業者たちが自発的に漢口にやってきたように描写している。しかし三〇軒の慰安所と三〇〇人の慰安婦受け入れ態勢を整えていたのは、軍の兵站司令部である。はじめから軍が企画し、推進した漢口慰安所の設置がこうして完成しただけである。ここでも長澤は、「兵站司令部の指示」で売春業者たちが三〇軒の慰安所に収まり、入りきれなかった慰安婦たちにも兵站司令部が、前線に入居地を決めたと書いている。それらはすべて軍の計画通りに進められたのである。それを業者たちの自発的な行動のように書くのは、辻褄の合わない本質の歪曲である。

しかし長澤は、日本人の業者が軍の指示で動いたことを随所で描写している。例えば、昭和一二年九月に上海に渡った杉本という業者に、一〇月には「杭州進出を命じた」とあり、そこで杉本は「柳川兵団の指示によって、郊外に将校クラブを開設し[76]」たと書かれている。業者に対する軍の命令と指示が明記されている。以下、その部分を書き出してみる。

● 一二月に南京が陥落すると、杉本は南京行きを命ぜられる。
● 彼（杉本）は、南京兵站監部の指示によって、南京―蘇州のほぼ中間にあたる、常州の南西約二〇キロの慄陽（りつよう）で、営業をはじめることになった。
● 翌昭和一三年一〇月、武漢陥落が近づくと、南京兵站監部は、杉本を南京に呼び返して待機させた。
● 杉本は一一月一七日（中略）兵站司令部を訪ね、木村宿営部長の指示を受け、やっとの思いで積慶里に入った[77]。

さて、杉本という慰安所営業者は、初めから終わりまで、軍の指示と命令で動いている。このように慰安所の設立において、業者たちに自由などはなかった。

日中戦争の勃発によって、昭和一二年七月以降に大々的な慰安所設立の方針が上海現地軍によって決定され、日本の内地と朝鮮において慰安婦三〇〇〇人の募集が始まったことは、本書第一章で扱った通りである。長澤健一の『漢口慰安所』の記述は、それらの日本政府公文書の内容とほぼ一致している。

しかし長澤は、朝鮮人業者や慰安婦は、「漢口兵站が招致したものは一軒もなかった。漢口において慰安所を開設したいという彼らの希望にもとづいて、積慶里に収容した[78]」と書いた。しかしこれは辻褄の合わない言説である。前述の通り、朝鮮人慰安所は、「戦闘部隊に追随して、売春しながら入城した移動慰安所」であり、彼らが積慶里に入居した第一号であったと作者は記述した。そして、前述した通りに、軍とともに移動しながら戦線を転々とする慰安所は、それこそ軍直営の慰安所である。なのに長澤は、朝鮮人の慰安所だけは漢口兵站部が招致したのではないという。日本人経営の慰安所には軍の指示を認めておきながら、朝鮮人慰安所に関しては軍の指示ではないと矛盾したことを書いている。

彼は、慰安婦問題を起こしたくなかったのかもしれない。『漢口慰安所』が出版された前年である一九八二年には、日本の歴史教科書が、秀吉の朝鮮「侵略」を、単なる「進出」と書いたとして日韓間で教科書問題が起きた年であった。作者・長澤健一は、資料としては優れていても、観点において意図的な部分のある残念な書籍を後世に残したのである。

おわりに

日本軍は満州事変や日中戦争を起こして、慰安所を戦場に作り始めた。特に、日中戦争で多くの軍人を中国大陸に派遣した後、慰安所を中国各地に多く設置し始めた事実がある。

その目的は、日本の兵士たちが現地の女性を強姦しないようにするためであり、性病の蔓延を防止するためであり、さらに日本軍人が現地の娼婦と付き合って軍の機密が漏れないようにするためだった。

このような理由を挙げながら、日本の一部の人々は「慰安婦制度は立派な制度だった」と言う。しかしそういう人たちは、日本が中国大陸を侵略しなかったなら慰安婦制度そのものを作る必要がなかったという点を見逃している。結局、日本の慰安婦制度を正しく認識するためには、慰安婦制度が日本軍の中国、東南アジア、太平洋などに対する侵略の結果という認識が必要なのである。

一九三一年、植民地朝鮮を防御するために日本は満州事変を起こした。そして傀儡満州国を守るため、一九三七年、中国大陸全体を掌握しようとする日中戦争を起こした。さらに、中国を支援する英国や米国などの西洋列強の動きを遮断するために、一九四一年一二月に太平洋戦争を挑発し、列強の拠点だった東南アジア、太平洋への侵略を拡大していった。

だからこそ、戦争は長期戦にならざるを得なかった。このような状況で、日本軍は兵士の荒い気風、殺伐とした雰囲気などを改善するために、女性を兵士のえさ、いけにえとして投入したのが慰安婦問題の核心である。お国のためだと思って軍需工場勤務や病院の雑用係、看護婦などの言葉を受け入れて動員に応じた女性たちが、だまされたと知った時の絶望感と憎悪は想像するに難（かた）くない。軍や日本政府は彼女たちをだましただけでなく、性奴隷という最悪の環境に落とし込んだのである。そのような面で、女性を戦争の道具にして人間性を剝奪し、ひどく蹂躙したという面で、慰安婦問題は許し難い日本軍の犯罪であり、慰安婦問題とは正確に言えば性奴隷問題が正しい言葉である。

日本軍が駐留する場所には、どこにでも必ず慰安所が設けられている。そして多くの文書や証言を見ても、女性は少なくても一日に一〇人、多い時は一人で一日に七〇～八〇人以上の軍人を相手にしなければならない悲惨な状況に置かれた。自殺した者たちもいたし、多くの女性たちが自殺を考えた。

慰安婦にされた女性たちが一日に相手にした兵士たちの人数として、最高は七〇人だったという証言がある。高森部隊の規定では、皇軍一〇〇人に慰安婦一人とされていた。これは理論的には一日に慰安婦は兵士一〇〇人を相手にしなければならないという話であった。これは時間的にも難しいと言う指摘があったが、実際には慰安婦たちは朝八時から真夜中の二時まで働かされ、兵士一人に接するのは数分間だったと思われる証言があり、一日七〇人は不可能な数字ではない。これらの文書や証言から、慰安婦たちが性奴隷状態に置かれていたことが分かる。次にムン・オクスさんの証言を掲載する。

ムン・オクスさん（一九二四～一九九六）の証言

私が配属されたところは最前線のマンダレーでした。慰安所の建物は一〇人ほどの兵士が来て建て、かますで仕切っただけなので、背の高い人は隣の部屋をのぞき見ることができました。部屋の中には布団と枕だけが置かれていました。

ここには慰安所が三ヶ所あり、慰安婦はみな朝鮮の女性たちでした。慰安所では朝九時から仕事（?）をしたのですが、八時から始める時もありました。

（中略）

一人一時間ずつと時間が決まっていましたが、一時間に数人の軍人が出入りしました。外で順番を待って並んでいる軍人たちが「おい！ 早くしろ！」と催促したので、兵士たちは部屋に入ってくるやいなや、用を足して行きました。兵士たちには帰隊時間があるので、早く帰らなければならなかったのですが、将校たちには時間制限がありませんでした。彼らは午前一時二時まで慰安所にいる場合もありました。

私たちは一人が一日に三〇人から七〇人ほどを相手しなければなりませんでした。軍人の外出日が部隊ごとに違っていたので、私たちは毎日交代してやってくる彼らに接しなければなりませんでした。(79)

以上のように、慰安婦たちは多いときには兵士たちを一日に七〇人から八〇人相手にしなければならないような惨い性奴隷状態であった。

女性たちを募集する方法は主に甘言、詐欺、強制連行だった。詐欺の方法としては、軍の依頼を受けた業者が次のようなうそを女性に言った。野戦病院の看護士や準看護師として働く、軍の慰安施設の食堂従業員となる、レストランの女給になる、将校の家政婦になる、東京の工場で働く、簡単な仕事でお金をたくさん稼げる、など募集業者らは数多くの甘言で女性たちをだまし、満州行きの列車や、中国・東南アジア行きの船に乗せるという手口を用いた。

そして、女性たちに高額の前払金をあらかじめ支払ったために、詐欺だと分かっても、女性たちはすでに拘束され、逃げられなくなっていた。

軍は、慰安婦がこのように募集された事実を知りながら、いかなる措置も取らなかった。それだけでなく、満州には業者を通さずに朝鮮女性狩りをする部隊があった。そして戦争が激化するに伴い、内務省が一般の海外渡航を制限すると、日本軍は女性を動員する際、「軍関係者」という資格を与えて、公務のために渡航する者として認め、内務省ではなく陸軍省が渡航証明書を発給できるようにした。したがって、慰安婦は形式上は軍の公務で慰安所での仕事を遂行したのである。強制売春が軍の公務だったという信じられない事実があった。このような事実から、日本軍や日本政府は、法的責任から決して自由ではない。

もともと女性を満州も含めて海外に送る場合、内務省傘下の警察署で女性の身元調査を行い、証明書を提出することになっていた。しかし、身元調査はほぼ形式的になされたため、業者らが酌婦稼業承諾証明書のような書類を勝手に作成し、一括して証明をもらうことのできる道が開かれていた。

そして特別なケースを除き、女性たちは自由に外出できない状態に置かれていた。それには多くの証言が残っており、女性たちはだまされて連行された事実を慰安所で会った日本兵らに告げて救出を要請している。しかし依頼を受けた日本人たちは、ほとんどいかなる方法も取らなかったのが当時の現実だった。逆らったら殺されるという認識が蔓延していたのである。

慰安婦は性奴隷であった。ごく初期にだけ、日本社会と国際社会の目を欺く(あざむく)ために、もともと醜業を営んでいた内地の女性を中心に戦地に送ったに過ぎない。しかし多数の慰安婦が必要となった時点から、軍は一般女性を、たとえ二一歳未満であろうとだましてかき集め、戦地に動員し、否応なく売春を強制したのである。したがって、日本軍と、その犯罪行為を見て見ぬふりをして軍に便宜を与えた日本政府はその犯罪をまず認めなければならず、必要な措置を取らなければならない。二〇一五年の日韓慰安婦合意では、日本政府がこのような犯罪を認めず、一〇億円という金で有耶無耶(うやむや)に事件を解決しようとした。韓国側も研究者たちの研究成果を全く活用しなかっただけでなく、被害者の立場を無視し、日本側と密室で合意案を作成し、合意を強行した。

このような状況で何ができるのか悩みは多いが、まず歴史的な事実を明確にすることがさらなる解決の第一歩となる。現在まで日本軍慰安婦問題の真相究明のために努力してこられた方々に敬意を表すると同時に、特に日本社会において、この問題に対する広範囲にわたる意識の転換がさらに必要であると感じる。

今回、口語体で示した五七の資料と、被害者の肉声を伝える二〇の証言は、日本軍慰安婦問題を解決するためには重要かつ基礎的なものである。今後もこのような活動を続け、誰でも日本軍慰安婦問題をやさしく、そして正確に知ることができる形で提供するつもりである。

二〇一九年八月

保坂 祐二

注

（1）国立公文書館アジア歴史資料センター（以下、アジ歴、https://www.jacar.go.jp/）：レファレンス・コード＝A06050953600（アジ歴ホームページの検索欄に、このレファレンス・コードを入力すれば、原文を見ることができる）

（2）略取誘拐：人をそれまでの生活環境から不法に離脱させ、自己または第三者の支配下に置く罪。刑法二二四条などが規定している。略取は暴行や脅迫によって連れ去ることをいい、誘拐はだましたり誘惑したりして連れ出すことをいう。

（3）本書・文書―12＝「昭和一三年在留日本人特種婦女の状況およびその取締りと租界当局の私娼取締り状況」参照。

（4）本書・文書―25＝「漢口陸軍天野部隊慰安所婦女の中国渡航の件―回答［在漢口総領事］」参照。

（5）特種慰安所という場合もある。

（6）アジ歴：レファレンス・コード＝C01001469500

（7）アジ歴：レファレンス・コード＝A05032040800

（8）貸席業：遊郭業のこと。

（9）荒木貞夫：陸軍大将。犬養毅・斎藤実内閣で陸軍大臣を務め、陸軍部内の皇道派の指導的存在となる。近衛文麿・平沼騏一郎内閣では文部大臣に任じられ国家思想を鼓吹した。

（10）頭山満：国家主義者。萩の乱に通謀して入獄。出獄後、青年の教育に当たり、玄洋社を創設、超国家主義を唱えて大陸進出を主張。黒龍会等の大陸浪人を支配し、国家主義運動の重鎮として政界の裏面で暗躍した。

（11）検黴：梅毒検査を意味する。

（12）アジ歴：レファレンス・コード＝A05032044800

(13) 花柳病＝性病。

(14) 星秘膏：性病予防薬の一種。

(15) アジ歴：レファレンス・コード＝A03032171600

(16) アジ歴：レファレンス・コード＝A03032171600

(17) 菅原幸助、『初年兵と従軍慰安婦』（一九九七、三一書房）、二三八〜二四一頁。

(18) 島田俊彦、『関東軍―在満陸軍の独走』（一九六五、中公新書）（二〇〇五、講談社学術文庫）、二三二頁。

(19) 長尾和郎、『関東軍軍隊日記―一兵士の生と死と』（一九六八、経済往来社）、七一頁。

(20) 菅原幸助、前掲書、一一〜一八頁。

(21) 菅原幸助、前掲書、二四頁。

(22) 島本重三、「軍「慰安所」」『私たちと戦争2―戦争体験文』、戦争体験を記録する会編、（一九七七、タイムス）、三三一〜三四頁。

(23) 内地＝日本本土。南樺太、千島列島、北海道、本州、四国、九州、伊豆諸島、小笠原諸島、南西諸島（沖縄、奄美大島、他）とその付随島嶼を言う。

(24) 本書・文書―1＝「不良分子の中国渡航取締りに関する件［外務次官］」参照。

(25) この文書は一九九二年一月に吉見義明教授が発見して公表し、当時の日本政府が慰安婦動員に軍の関与があったことを認めるきっかけとなった資料である。

(26) アジ歴：レファレンス・コード＝C04120263400

(27) アジ歴：レファレンス・コード＝A03020700700

(28) アジ歴：レファレンス・コード＝A03020700700

(29) アジ歴：レファレンス・コード＝A01200089200

(30)「婦人及児童ノ売買禁止ニ関スル国際条約並醜業ヲ行ハシムル為ノ婦女売買禁止ニ関スル国際条約ニ関シ帝国ノ付シタル留保撤廃ノ件審査報告」(一九二七)、アジ歴：レファレンス・コード＝A03033405000

(31) アジ歴：レファレンス・コード＝A03021582000

(32) 南京国民政府：汪兆銘が日本の軍事力を背景として、一九四〇年三月三〇日に南京に樹立した蒋介石とは別個の国民政府。一九四五年八月一六日、日本の敗戦の直後に消滅した。

(33) 外地＝朝鮮、台湾、関東州、南洋諸島。

(34) 恤兵部(じゅっぺいぶ)＝慰問を目的とした部署。

(35) アジ歴：レファレンス・コード＝C01000831600

(36) アジ歴：レファレンス・コード＝C01000300000

(37) アジ歴：レファレンス・コード＝C01000379100

(38) アジ歴：レファレンス・コード＝C01000379100

(39) アジ歴：レファレンス・コード＝C13070262500

(40) ピー屋＝慰安所のこと。

(41) アジ歴：レファレンス・コード＝C13071909600：現在は非公開。

(42) 高崎隆治編・解説、『軍医官の戦場報告意見集—十五年戦争重要文献シリーズ1』(一九九〇、不二出版) 四一〜四二頁。

(43) アジ歴：レファレンス・コード＝C15120129000

(44) 吉見義明、『日本軍「慰安婦」制度とは何か』(二〇一〇、岩波書店) 二五〜二六頁。

(45) アジ歴：レファレンス・コード＝C07092220900

(46) 長澤健一、『漢口慰安所』(一九八三、図書出版社) 一四六〜一四九頁。

(47) 鈴木卓四郎、『憲兵下士官』(一九七四、新人物往来社)、九一～九三頁。

(48) 真鍋元之、『ある日、赤紙が来て―応召兵の見た帝国陸軍の最後』(一九八一、光人社NF文庫)、二六二～二六三頁。

(49) 外村大研究室、「朝鮮人強制連行―その概念と史料から見た実態をめぐって―」: http://www.sumquick.com/tonomura/note/2011_02.html

(50) 近藤一、「特集、慰安婦一〇〇人の証言」、『DAYS JAPAN』(デイズジャパン社)、二〇〇七年六月号一六～一八頁。

(51) 李修京編、『海を渡る一〇〇年の記憶―日韓朝の過去精算と争いのない明日のために』(二〇一一、図書新聞)、一一二～一一四頁。

(52) 小俣行男、『戦場と記者―日華事変・太平洋戦争従軍記』(一九六七、冬樹社)、三三三～三三四頁。

(53) 同書、三四三頁。

(54) 従軍慰安婦110番編集委員会編『従軍慰安婦110番―電話の向こうから歴史の声が』(一九九二、明石書店)、五四頁。

(55) 林博史、「マレー半島における日本軍慰安所について」(関東学院大学経済学部一般教養論集『自然・人間・社会』第一五号)。

(56) 土金富之助、『シンガポールへの道(下)―ある近衛兵の記録』(一九七七、創芸社)、四五～四九頁。

(57) 伊藤桂一、『兵隊たちの陸軍史』(二〇〇八、新潮文庫)、二四六～二四八頁。

(58) 同書、二四七頁。

(59) 山口彦三、『ビルマ平原 落日の賦』(一九八七、まつやま書房)、四七～四八頁。

(60) 伊藤桂一、前掲書、二四一頁。

(61) 秦郁彦、『慰安婦と戦場の性』（一九九九、新潮選書）、八八頁。

(62) 本書、文書―57参照。

(63) 長澤健一、前掲書、五一頁。

(64) 長澤健一は、軍の「指示」や「強制」ではなく、軍の「要請」に西日本の遊郭業者たちが応じたとしている。同書、五一頁。

(65) 同書、五一頁。

(66) 鹿野正伍、『ある水兵の戦記』（一九七八、光風社書店）、二〇八頁。

(67) 菅野茂、『7％の運命―東部ニューギニア戦線―密林からの生還』（二〇一七、潮書房光人新社）、五二一～五三一頁。

(68) 外務省、「慰安婦関係調査結果発表に関する河野内閣官房長官談話」（一九九三年八月四日）https://www.mofa.go.jp/mofaj/area/taisen/kono.html 参照。

(69) 根本大、「祖父の証言―戦争と従軍慰安婦」（https://testimony-of-grandfather.webnode.jp/）

(70) 河東三郎、『ある軍属の物語―草津の墓碑銘』（一九九二、日本図書センター）、六九～七五頁。

(71) 長澤健一、前掲書、八頁。

(72) 同書、四四頁。

(73) 同書、四八頁。

(74) 同書、五〇頁。

(75) 同書、五〇頁。

(76) 同書、五二頁。

(77) 同書、五二頁。

(78) 同書、五二頁。

(79) パク・ト『日帝強占時代』(二〇一二) 六二四頁。

保坂祐二（ほさか・ゆうじ）
東京生まれ。東京大学工学部卒業。1988年、日韓関係研究のためソウルに住居を移す。2000年、高麗大学で政治学博士号取得。現在、世宗大学大洋ヒューマニティカレッジ教授、同大学独島総合研究所所長。2003年、韓国に国籍を移す。2013年、研究活動の功労が認められ、韓国政府から大韓民国紅條勤政勲章を授与される。著書として『日本の慰安婦問題証拠資料集1』（2018）、『独島、1500年の歴史』（2016）、『大韓民国独島教科書』（2012）、『朝鮮ソンビと日本の侍』（2007）など多数。日本語の著書として『独島・竹島の日韓史』（2016、論創社）など。

文書・証言による日本軍「慰安婦」強制連行

2019年8月14日　初版第1刷印刷
2019年8月25日　初版第1刷発行

編　著　世宗大学独島総合研究所、保坂祐二
発行者　森下紀夫
発行所　論創社
〒101-0051 東京都千代田区神田神保町 2-23　北井ビル 2F
tel. 03（3264）5254　fax. 03（3264）5232
web. http://www.ronso.co.jp/
振替口座　00160-1-155266

装幀／宗利淳一
組版／フレックスアート
印刷・製本／中央精版印刷
ISBN978-4-8460-1813-9